オリンピックの真実

それはクーベルタンの発案ではなかった

True Stories of Olympic Games

佐山和夫

Kazuo Sayama

潮出版社

はしがき

オリンピックの発想

「クーベルタンは、どうしてオリンピックなどというものをやろうと思いついたのか」というのが、最初の疑問だった。

古代アテネにあったオリンピック競技会を、近代において再興しようとした最初がフランスの貴族ピエール・ド・クーベルタン男爵だったと、私も深く信じ込んでいたのだった。

それも無理はなかった。オリンピックといえばクーベルタン、クーベルタンといえばオリンピックと、世間では相場は決まっていたからだ。

この西洋のスポーツ競技会が、一九一二年、第五回になってどうして日本を招いたのかが、次に気になった。欧米以外の国、それもアジアからの最初の国だ。

「クーベルタンは日本に何を求めていたのか」

の問いのあとに、

リバプール駅

「そのときの日本人選手はいかに闘い、何を得ていたのか」

と、疑問は次々に湧いた。

日頃は野球の歴史にかかわる話ばかり書いている私が、にわかにオリンピックに関心を抱き始めたのはおかしいと思われるかもしれないが、実は、そのきっかけというのも、やはりベースボールにあった。これについても、少しは説明が必要だろう。

ことの起こりは、六年前に遡る。

そのとき私は、リバプール行きの列車に乗っていた。ロンドンのユーストン駅発の急行だったと思う。

目的は、その古い港町に伝わる「英国式ベースボール」を見ようというものだった。十九世紀の終わりには、そこにはすでにベースボールは起こっていて、一九〇八年にはもうウェールズとの間に「国際試合」が始まっていたという。今でも年に二度、イングランドのリバプールとウェールズのカーディフとで、場所を交代させて行われているというが、私はまだ見たことがなかった。私が見ようとしているのは、その第八六回だと聞いている。

そんな古い「国際試合」といっても、ルールは簡単。得点は1ベース1点と、これ以上わかりやすい野球はない。だからこそ、〝ベースボール〟！　これなら今日本で問題になっている「タイ・ブレイク」（同点の延長戦をどう終わらせるか）の心配もない。点差は出やすいから、延長はなく、必ずゲームは成立するだろう。

どんなゲーム運びになるのか、それを早く見たいものだと、気ははやった。

信じ難い話

私の前には、一人の老人が座っていた。テーブルを挟んで、乗客が向き合って座るコンパートメントだった。

私もすでに相当の老齢にあるが、彼は私よりさらに年上に見えた。イギリス人といえば、普通はアメリカ人ほどには気安く会話に入れない。しかし、そこは老人同士の気安さ。私たちはすぐに打ち解けた。「どこへ？」「何用？」ときて、気がつけば、私はついそのイギリス野球への興味を吐露していた。

私たちが初めから相手に同じ体臭を嗅いでいたのは、年齢から来る理由だけではなく、彼もまたスポーツに関心を持つ人だったことと、物を書くことを仕事としてきた人だったことにありそうだった。停年後はリバプールを去っていたが、久しぶりに帰るのだという。

「ええ、新聞記者をやめたあと、西オーストラリアへ移り住んだのですよ。向こうへ行ってから、二冊の小説を書きました。一つはクリケットのゲームにまつわるもので、もう一つは、殺人事件の本です。狙われるのが、いつも九九歳のおばあさん。それが、次々に殺されるのですなあ」

「え!?　九九歳のおばあさんばかりが狙われるのですか!」

私は驚きの声を上げ、そしてその勢いのままに、「それは面白そうですね!」と言ってしまった。他に言いようがないではないか。

相手の老人も、「そう、面白そうでしょう」と軽く受け流して、自分でもおかしそうに「クックックッ」と笑った。

もう一冊のクリケットの本について聞くと、「これもミステリーですがね」と言ったあと、あまり自分ばかりがしゃべっては……と思ってか、その中身については多くを語らず、逆にこちらに質問してくるのであった。

私たちはイギリスのスポーツについて、結構深いところまで話を伸ばしたのだったが、私が行こうとしている試合場の名を聞いて、彼は、「ああ、そこなら知ってる」と言った。「クリケットをそこでよくしましたよ」

そしてそのあと、彼はふと、こんなことを口にしたのだ。

「そうですね、イギリスはスポーツの故郷ですから、いろんな話がありますね。今のオリンピックだって、フランスのクーベルタン男爵が始めたことになっていますが、それより先にイギリスにあったいくつかのイベントがヒントになっていたのですよ。たしか、リバプールにもあったはずですよ。リバプール・オリンピック何とかというのが……」

クーベルタン以前のオリンピック

こともあろうに、こんな大事な話を、私はすっかり忘れてしまっていたのだ。

そのときは、まだ見ざるイギリス野球への関心が強すぎたのだとも言えるし、彼のいう九九歳のおばあさん殺しの話の印象が、瞬間的にせよ、私の意識の大部分を占めていたためとも言えるだろうか。

現に、イギリス野球の思い出だったら、今だってかなり語れるし、彼のおばあさん話のいきさつだって、多少は頭に残っている。しかし、「リバプール・オリンピック」については駄目だ。

オーストラリアから帰国途中のあの老作家の何気ない一言を思い出して愕然としたのは、日本に帰ってきてから大分たってのことだった。東京へ二度目のオリンピックがやって来ることが決まったあと、エンブレムの騒動、オリンピック・スタジアムの問題、加えて肝心の聖火台がないぞという騒ぎ……等々が起きてからのことではなかったろうか。

あの、彼の話は、何だったのか。

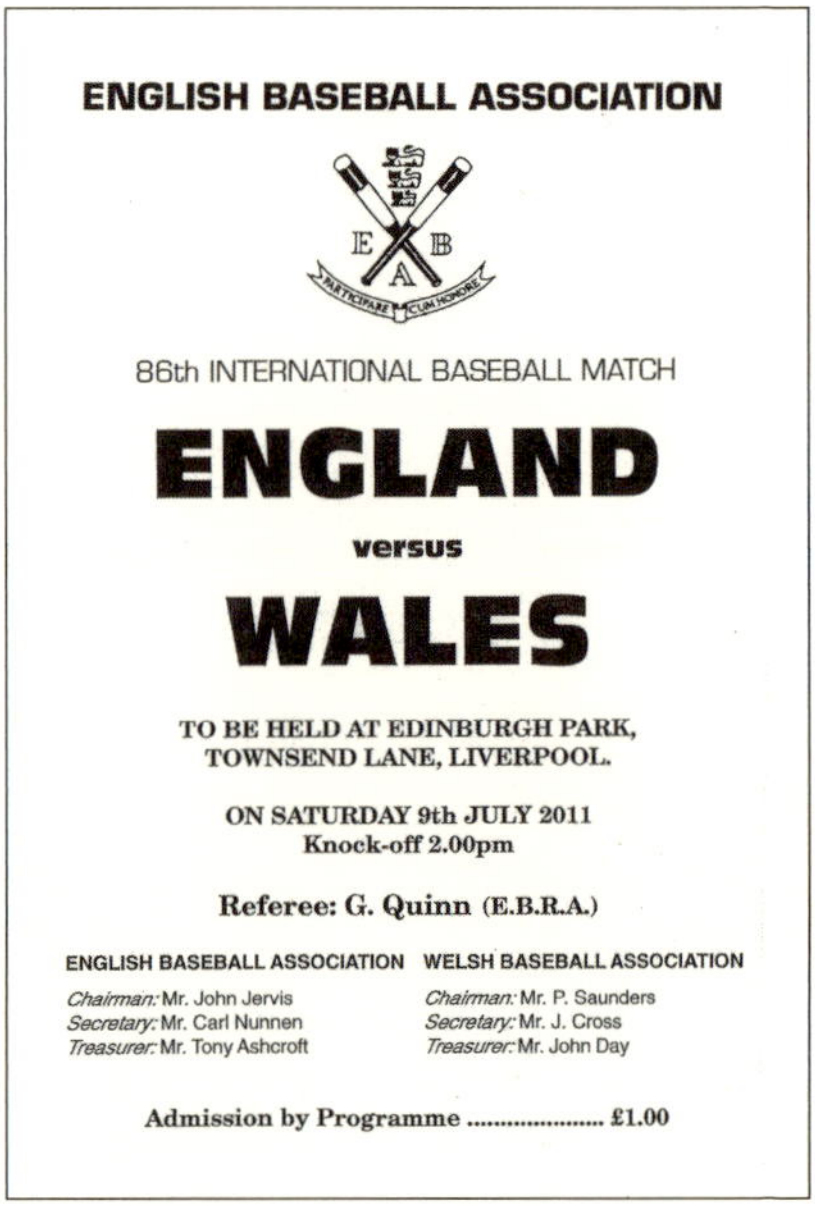
ENGLISH BASEBALL ASSOCIATION
E B A
PARTICIPARE CUM HONORE
86th INTERNATIONAL BASEBALL MATCH
ENGLAND
versus
WALES
TO BE HELD AT EDINBURGH PARK, TOWNSEND LANE, LIVERPOOL.
ON SATURDAY 9th JULY 2011
Knock-off 2.00pm
Referee: G. Quinn (E.B.R.A.)
ENGLISH BASEBALL ASSOCIATION
Chairman: Mr. John Jervis
Secretary: Mr. Carl Nunnen
Treasurer: Mr. Tony Ashcroft
WELSH BASEBALL ASSOCIATION
Chairman: Mr. P. Saunders
Secretary: Mr. J. Cross
Treasurer: Mr. John Day
Admission by Programme £1.00

国際野球試合「イングランド対ウェールズ」のパンフレット表紙

クーベルタンが「近代オリンピックの父」ではないというのか。オリンピックという発想が、彼より先にイギリスにあったというのは本当なのか。

それに、リバプールにあったというスポーツ大会は、いったい何だったのか……。

彼の言葉を思い出すたびに、そんな疑問が浮かんでは消えた。

答えは、調べてみると、ある程度はすぐにわかった。実に明白なことだった。驚くべきことはヤマとあった。たしかに、近代オリンピックの発想は、クーベルタン男爵が最初だったのではなかった。

それどころか、彼の言葉だと一般に思われているオリンピックのモットーのいずれもが、実は他の人の発言だったことも判明した。「より速く、より高く、より強く」も、「健全な身体に、健全な精神を」も、「重要なのは勝つことでなく、参加することだ」というのも、クーベルタンが最初に発したものではなかった。

「古代オリンピック」を近代において再興させようという試み自体は、アメリカにも、フランスにも、ロシアにも、スウェーデンにも、そして、もちろんギリシャにもあったという。しかし、最も熱心だったのがイギリスだったというのは、間違いなさそうだった。

老作家の話は、やはり、本当らしい。

話はリバプールだけにとどまらなかった。「オリンピック」を開催した町にもいくつかの名がある。始められた時代も、古いのは一六〇〇年代の初期というのには驚いた。

二〇二〇年の東京オリンピックまでには、それらについても多少の知識は持っていたい。ならば、初めから一度きちんと勉強してみようと思い立った。

イギリスでの最初である「コッツウォルド・オリンピック」については、オックスフォード大学出版部刊行のスポーツ辞書（写真）にもちゃんと説明があり、国王の認可のもとに一六〇四年に開始されたことが述べられている。

この「コッツウォルド・オリンピック」について驚くべきは、そのことだけではない。聞けば、それは今も毎年初夏にそこで行われているというではないか。

それを耳にしては、とてもじっとしているわけにはいかない。

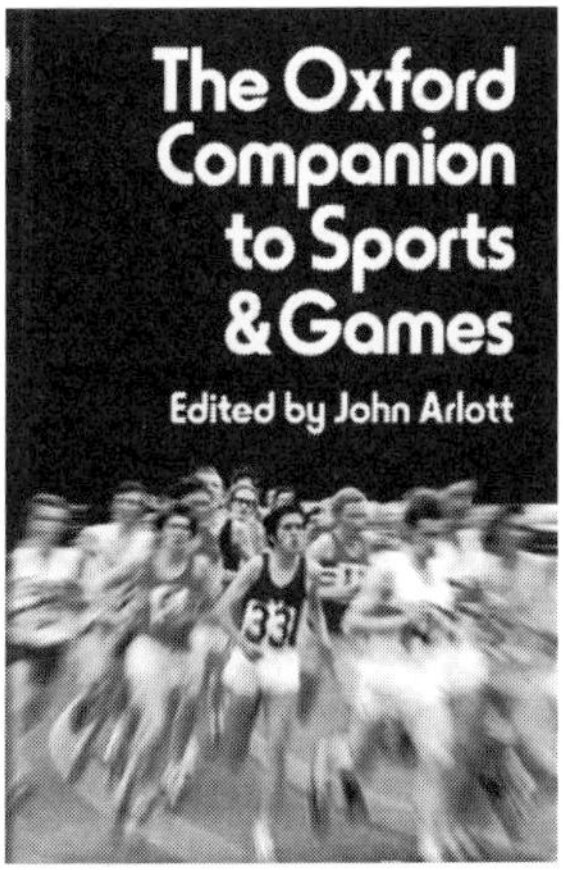

“The Oxford Companion
to Sports & Games”

時期を合わせれば、実際にそれを目にすることが出来ると思えば、矢も楯もたまらなくなって、気がつけば、八〇歳の不自由な身も忘れて、またもやロンドンから北西に向かう列車に飛び乗っていたという次第。すべては、それから始まった。

このあとに記す話は、老女ころしのミステリーを書くほどの知恵に恵まれなかった男が、何もわからぬまま、ともかくもすべては行ってからと腹を決めたあとにやっと辿り得た、予断を超えたオリンピックの真実と言っていいか。

著者

オリンピックの真実

それはクーベルタンの発案ではなかった

目次

はしがき　1

第一章　「コッツウォルド・オリンピック」　15

コッツウォルド地方の「蜂蜜色の町」／クーベルタンより前に／争いごとをなくし、皆が平等に／ドーバーの丘／開会／王の認可のもとで／「すね蹴り世界選手権試合」

第二章　王の信任のもとに　35

友人たちによる詩集／ロバート・ドーバー／創作か、改良か／競技種目は？／「コッツウォルド・オリンピック」とシェイクスピア／王によるスポーツ振興／最初の中断と再開／共感を得て繁栄／二度目の中断は「囲い込み」から／「英国オリンピックの最初の動き」

第三章　クーベルタンの出現　59
ピエール・ド・クーベルタン男爵／フランスを強くするために／
『トム・ブラウンの学校生活』／最初のイギリス訪問／天啓を受ける／
ラグビー校／スポーツ振興の陰で／専制体験の功罪

第四章　オリンピック復興への目覚め　81
「より速く、より高く、より強く」／過去のオリンピックへの関心／
様々な試み／ウェンロックとは／ウィリアム・ブルックス／
「農村読書会」／「オリンピアン・クラス」／多彩な種目／
二種類の競技者／高まる人気

第五章　ブルックスの大望　105
「リンデン・フィールド」／スポーツ熱を煽った鉄道／
他の町にも呼びかける／文化面を含めた総合的な大会／
アマ・プロ問題／産業革命／自転車競技も

第六章　リバプールのオリンピック　125
国際的貿易港／その背景／「健全な肉体に、健全な精神」／プロを排除したアマチュアの大会／第一回リバプール大会／国際的大会へ／会場を移す／発展の果てに

第七章　アメリカへの接触、イギリスでの見聞　147
オリンピック復興を決めたのは？／ドイツ人による遺跡の発掘から／アメリカとの接触へ／エドウィン・チャドウィックの後押し／アメリカとの連携へ／アメリカにいた弟ヘンリー／見聞を深めるクーベルタン／アンケートによる調査も／出会いのきっかけとなったアンケート

第八章　クーベルタンのウェンロック訪問　165
ブルックスの熱意／クーベルタン、ウェンロックへ／大歓迎／騎乗槍競技／「ウェンロック・オリンピアン・ゲームズ」を讃える／広まるスポーツ熱の中で／ブルックスからクーベルタンの時代へ

第九章　開催地をどこにするか　183
クーベルタン、オリンピックを提唱する／歩調の乱れ／スローン博士／第一回大会をどこで開くか／老い行くブルックス／マリー・ロタンとの結婚／懸命の資金集め／興奮のギリシャ人たちと、不注意のクーベルタン

第十章　近代オリンピック始まる　205
第一回大会（一八九六年）／マラソンの成功／ルイス選手の優勝／「ルイスは二度勝利した」／『或るオリンピック勝者』／第二回大会、第三回大会／中間大会、第四回大会／「勝つことではなく、参加すること」／オリンピックのモットーの真実

第十一章　クーベルタンはなぜ日本を招いたのか　227
クーベルタンの胸には何が／クーベルタンの苦悩／失敗の連鎖／クーベルタンからの誘い

あとがき　239
主な参考文献　243

装幀／片岡忠彦
カバー写真／アフロ

第一章　「コッツウォルド・オリンピック」

コッツウォルド地方の「蜂蜜色の町」

今度の列車には、もうあの老作家は乗っていなかった。

しかし、人々は皆親切。やって来たチピング・キャムデン(Chipping Campden)の村では、人々は穏やかな上に、陽気な顔をしていた。

二〇一六年六月四日の土曜日の夕刻であった。

イギリス・コッツウォルド(Cotswold)地方にあるこの村の中央広場では、設営された巨大なステージからすでに大音響が鳴り響いていた。村人皆が参加するダンスは、夜のことだというのに。人通りもかなりあるし、模擬店のようなものも出現している。普段は落ちついた静かな町だといわれているのだから、これは異常だろう。

今日、ここで何があるのかは、ところどころに掲げられた垂れ幕や、売店の惹句に明らかだった。

「コッツウォルド・オリンピック」

「ロバート・ドーバーズ・オリンピック・ゲームズ」

「オリンピック」の言葉のないものはない。つまりは、今日こそは、このコッツウォルドにおける「オリンピック」の開催日だというわけだった。

イングランド南西部のこの丘陵地帯コッツウォルドといえば、昨今の日本の旅行者には特に人気のあるところだ。女性雑誌などでも、よく特集が組まれている。コッツウォルズと複数形で書かれることもある。樹木や石垣で縁取られた羊の丘、茅葺きの家や古い小屋、町を流れる小川とその背景になっている教会堂……こういういかにもイングランドらしい風景の絵葉書があれば、それらはきっとこの地方で撮られたものだとさえ言われる。

チピング・キャムデン

中でも最もこの一帯の特徴をとどめている町といわれるのが、ほかでもないこのチピング・キャムデン（写真）だった。十三世紀から羊毛取引の中心だったところで、ウェールズとロンドンとの間の要路に位置して、「ウール・タウン」との呼び名もあったらしい。村名にある「チピング」とは、「マーケット」を意味した古語だという。
それを証言するかのように、今も中央広場には、かつて食料品の市場として使われた石造りのマーケット・ホールがそのまま残されている。現在の人口は約二八〇〇だ。
交通の便は、特にいいとはいえないが、観光の名所とはつながっている。ロンドンからだとパディントン駅からモートン・イン・ザ・マッシュまで、二時間以内で行ける。あとは七マイル（一一・二六km）の距離があるのみ。シェイクスピアの町ストラットフォード・アポン・エイボンからだと一二マイル（一九・三km）だ。いずれのところからも路線バスの連絡がある。

ここのオリンピックも大切だが、まずは立地を知ることと思い定めて町に出た。中央のマーケット・ホールを起点にして、左右に薄茶色のライムストーン（石灰岩）の建物の続く通りがあった。「蜂蜜色の町」と呼ばれるゆえんだ。馬車の時代の名残でもあろうか、ゆるやかな曲線を描いて変貌する道に誘われて歩けば、まことに童話の世界に引き込まれたかの感がある。旅行案内書はたいていこの町の風格ある建物と落ちついた雰囲気を愛で、商業主義に侵されていない奥ゆかしさを褒め讃える。「もしもあなたに時間の余裕が十分にはなくて、コッツウォルドでたった一つの町しか訪問できないとしたら、選ぶのはチピング・キャムデンだ」とまで言うものもある。

気をつけて見渡しても、特にスポーツ事が発達しそうな土地柄とも見えないが、広大な丘陵と、通商による生活の豊かさがあったことは間違いない。しかし、オリンピックを名乗るほどのイベントを催そうとするには、余程スポーツに熱心な男がここに出現していなければならなかった。

クーベルタンより前に

町の魅力には異論はない。ただ、「コッツウォルド・オリンピック」とあるこれは、いったいどういうものなのか。「ロバート・ドーバーズ・オリンピック・ゲームズ」という呼称もあるから「ロバート・ドーバー氏」が中心人物だったとわかるが、それは何者だったというのか。

私は町中央の旅行案内所の婦人たち（写真／Pat さんとGwenさん）から教えてもらったが、その答えは、この町の人ならどなたでも、きっと誇らしげな表情と共に、すぐに与えてくれるに違いないものだったろう。

「『コッツウォルド・オリンピック』というのは、『古代オリンピック』になぞらえた競技会でしてね。一六一二年からここで行われています（オックスフォードの辞書では一六〇四年だったが、彼女たちは一六一二年と言った）。普通、『近代オリンピック』といえば、フランスのクーベルタン男爵が一八九六年に始めたとされていますでしょう。でもね、それよりおよそ三百年も前に、この村の弁護士だったロバート・ドーバーさんがそれを発案し、実施させていたのですよ」

Pat さん（右）と Gwen さん（左）

「場所は、この村のすぐ西の丘の上です。この丘の名も『ドーバーズ・ヒル』（ドーバーさんの丘）なのです。種目は古くからの素朴なものが主流ですが、現代のものも加えられています。ぜひ、行ってご覧になるといいですね。何しろ、国王ジェイムズ一世が使っていた服と帽子をもらい受けてきて、それを着てドーバーさんがゲームを見守ったというものですから、由緒があります。オリンピックの名は、当時から使われていましたし、彼の友人たちが一六三六年に出した詩集の中でも、その語が使われているのですよ」

ボライティアとして、ここで案内をしてくれているこのお二人もまた、実はもう結構なご年配だが、こと「コッツウォルド・オリンピック」の話となると、いかにも古き良き「メリー・イングランド」の娘にかえったかのように快活、多弁になってくれるのはありがたかった。

ここでもらってきたパンフレットからも、私は多くを教えられた。この「コッツウォルド・オリンピック」は四年に一度ではなく、毎年春のバンク・ホリデーのあとの金曜日とされている。それに合わせて来ることができたことを、私は喜んだ。

ここまでの話からだけでも、「近代オリンピック」の発想というのがクーベルタン男爵に始まったものではなかったと早くもわかったが、それならそれで、疑問は余計に大きくなる。ロバート・ドーバーは、どうしてそれを始めたのかだ。

それに、国王から衣装まで譲り受けていたというのは、いったいなぜなのか。

それらの疑問を一気に解決しようというのが、私のこの町での目標となった。

開催時刻は夕刻六時ごろからと聞いた。

ドーバーの丘へは、歩いて行く人もいるようだから、さほどの距離でもなさそうだ。しかし、町中央の広場からはシャトル・バスが出るのだし、幸い、そこへはホテルからも近い。私もこのバスで行くことにした。

六時ごろに広場へ行ってみると、もうシャトル・バスは待っていた。料金などは特に決めていないとのことで、誰もがそれぞれの意思に応じて、コインを運転士の足元にあるウィロー(柳《やなぎ》)の籠に入れる。乗ってしまえば、もう誰もがオリンピアの昔に帰ったような気分である。ドーバーが「古代オリンピック」の再興を目指して始めたのが、今ではどんなものになっているのか。

争いごとをなくし、皆が平等に

実は、私もそのバスには乗ってはいたものの、古代のオリンピックに関しては、自慢できるほどの知識は持っていない。本を何冊か取り寄せてはみたものの、あまり深くは読んでいないというのが本当のところだった。

この時点で私が持っていた知識といえば、「古代オリンピック」とは一口にいっても、紀元前七七六年から紀元三九三年まで二九三回も挙行された途方もないものだったから、「それがどんなものだったかは一口には言えないな」といった程度のものだった。

その間一度も休むことなく、規則正しく四年毎に催されていたというのには、驚かざるを得なかった。ただ一度、例外はあって、五年目に延期されたこともあったが、それも次の大会を三年目に行って埋め合わせるという几帳面さだったという。

オリンピックとは、そもそもが神々に捧げるお祭りだったことは、よく知られた事実だ。スポーツ競技は死者の魂を楽しませるものだと信じられていて、特にギリシャ・アテネのそれは、主神ゼウスの心をも慰める神聖な行事だった。運動競技と共に、音楽の発表や詩の朗読なども行われていたらしい。

「古代オリンピック」最大の特徴として私が理解したのは、次の二点だった。

一つは、大会期間中、及びその前後は、一切の争いごとが禁止されたことだ。都市国家間の戦争はもちろん、すべての争いごとが止められた。戦闘に明け暮れる彼らも、そのときばかりは魔法にかけられたように武器を置いた。裁判や死刑執行も一切行われなかったという。一度スパルタがこの間にアテナイに攻めたことがあったが、今の貨幣価値に直して百万ドル相当の罰金を支払わせられたらしい。

この休戦期間というのが、競技の行われる数日間とかだけではなく、それを挟んだ前後各一ヵ月だったというのも驚きだった。しかしそれも、競技者や観客が遠くから来るようになってからは、前後各二カ月に延期されている（大会前の三カ月だったという説もある）。なるほど、それだけの期間があれば、どんなに深く戦闘に没入していた者にも、格好の頭の冷しどきにはなっただろうと納得した。また、流行していた疫病を退治するにはそれくらいの時期が必要だったというのも理解できた。たしかに、オリンピックは、四年に一度の「平和の祭典」と言えた。

もう一つの「古代オリンピック」の特徴は、その平等性ではなかったかと思う。

競技者はギリシャ全土から集まっていた。彼らは、別段、故郷の代表者というわけではなかった。つまり、それぞれが個人の資格で参加していたというわけだ。重要なのは、社会のあらゆる階層の人が参加していたことだ。貧困の極致にあった少年が、勝者となってたちまち富と名声を得ることもあったという。運動競技は、社会階層の格差を駆け登るハシゴでもあり、偏見の壁を打ち破るエネルギーを呼び起こす原動力ともなったのだ。

当初は貴族の男子(それも全裸)のみの参加だった、しかし、紀元前六二四年の第二九回大会からは、一般市民も参加できるようになった。女性は競技者としても、観客としても、競技場に入ることは禁止されていたが、それは女性蔑視というのではなく、女子用の大会が別に用意されていたという事情があったらしい。

神に捧げられた聖なる祭典とはいっても、すべてが神聖に行われたわけではなかった。神と人間との出会いのために、多く祭壇と祝宴の場が開放されていた。宗教行事に加えて観光行事、世俗的な享楽も豊富にあり、昼も夜も熱狂の渦が舞ったとも言われている。

ドーバーの丘

一応のところ、この程度の知識からでも、十七世紀初頭にここイギリスのコッツウォルドで、ロバート・ドーバーが「古代オリンピック」再現の競技会を始めたわけも、多少はわかってこようというものであった。「争いごとは忘れて、健全で楽しい競技をしようぜ」というメッセージに違いなかった。

ただ、その競技が何を意味するかは、まだわかってはいなかったのだが。

ともかくも、すべては行ってから……と割り切ることにした。もうバスは走り始めているのだ。
ドーバーズ・ヒルへの所要時間は、十分もかからなかった。

私が乗ったバスは、その最初の便だったのかもしれない。なぜなら、そこにはまださほど多くの人が集まっていたわけではなかったからだ。丘の上には、広い芝地が広がっていた。そして、その上には透き通るような青い空……。

それは単に快晴の青空というだけではなかった。西からは金色の光が輝いて見えるのだ。

ここはイーヴシャム盆地の最も高いところで、眺めはまことに雄大。西はエイボンの平原越しにウスターの町を遠望し、さらに奥に連なるなだらかな丘の連鎖を見下ろしている。日によっては、遠くウェールズの山々までが見通せるという。北がシェイクスピアで知られるストラットフォード・アポン・エイボン。そして南には温泉町のチェルトナムが見える。東はいうまでもなく、今出てきたばかりのチピング・キャムデンだ。

それらを見下ろす素朴にして優雅なこの丘の一帯が、一九二九年認定のナショナル・トラストの地だと聞いて、なるほどと納得した。

景色にうっとりとしている間にも人々は集まってきていて、早くも塔の壁登り（ボルダリング）に挑戦する者、「腕相撲」の試技を始める者、気球の準備を見に集まる者たちの姿がある。広場の境界線となっている大樹の列の下では、アイスクリームや軽食の店々が営業に入りつつあって、どのテントも活気を見せている。

正確にいえば、会場はこの丘に二段になっていた。シャトル・バスが連れてきてくれたのは、上の平地。その下に五、六十メートルの落差で、もう一段、平らな草地が広がっている。その落差をつないでいるのが、草地の斜面であって、観客はそこに腰を下ろして下の競技を見ることになる。気球や売店があるのは上で、下は本来の競技の場といったところか。

「コッツウォルド・オリンピック」の会長（Chairman）グラハム・グリノール氏の言葉によれば、この催しは常に時代の流れを汲んだ新しいものが取り入れられているとのことで、今年加えられたのが、気球やサンバ楽団などだった。新たなアトラクションの主舞台は、たいていが上の会場になっているようだ。

いったいこれから何があるのか。今日のプログラムを見てみる。しかし、ゲームの名前を読んだだけでは、どんな競技なのかわからないことが多い。単純素朴で土俗的なゲームなのだろうとの予測はついた。

開会

一六〇〇年代の初期に始められたこの「オリンピック」が、こうして今日も行われるといっても、途中に中断がなかったわけではなかった。

オープニングセレモニー

最初は一六五二年まで続いたあと、七年間の中断。一六六〇年に再開されたが一八五二年にまたもや中断。そして、およそ百年後の一九五一年からまた同所で行われるようになり、それが今も続いているというわけだ。

まずは上段での子供たちによる綱引きがあった。これは年齢別に六段階に分けられていて、女子チームもある。楽団演奏も三種類。大人のチーム別腕相撲やダンス・チームの演技披露など。

下の段には中世の城門のようなものが建てられ、雰囲気を醸し出している。その前で二人の騎士たちの決闘演技が行われたあと、七時半、正式にオープニングのセレモニーとなった。

そのころには、丘の斜面は観客で埋めつくされていた（写真）。

開会式。実際にそのときになってわかったことだが、これは相当に念の入ったものであった。

大砲の音が響き、煙が上がった。丘の彼方から、白馬に乗った「王の使者」が登場して、それは始まった。国王からの認証を受けていたことを証明するのがこの行事ということで、それはとても重要なセレモニーとされている。

「王の使者」となったのは、王の忠臣エンディミオン・ポーターという、かつてこの地の領主だった人だ。ときの国王ジェイムズ一世にこの競技会のことを伝えたのが彼で、王から開催の許可を得てくれた人だった。いや、開催の許可だけではなかった。国王から服と帽子までもらい受けてきていて、創始者のロバート・ドーバーにそれらを与えたというのが彼なのである。

荘厳な夕陽を背にしたエンディミオン・ポーターが退場したあと、次に「王から譲り受けた衣装」を身につけたロバート・ドーバーが現れ出て、開会を宣言した。衣装と簡単に言ったが、鍔の広い帽子と羽根飾り、時代の古さを示す凝った乗馬服に革の長靴だ。

楽団の演奏が始まり、ダンスの披露などがあった。そして競技が始まった。若い人が多いが、中には年配の人たちもいる。古代オリンピックの再現を目指したものだったといっても、参加者は、今は全裸でもないし、男性ばかりでもない。普段着の男女だ。

一輪の手押し車による競走や障害物競走、それに借り物競走や仮装ゲームなどなど。農機具を使ってのレースが多い。ゲームはチームで行われるものがほとんどで、皆楽しそうだ。

誰もが格式にとらわれず、自由に楽しんでいる雰囲気がある。競技は熱を入れてするが、勝ち負けにはたいした意味はないから、それにこだわっている風はない。彼らはプレイすることを楽しんでいるのであって、自分たち以外に観客などというものがいることには気をとられてはいないようだ。身体を動かし、気晴らしができれば、もうそれでいいのだろう。

王の認可のもとで

「ロバート・ドーバー」氏とも話をしたくなった。

途中の時間の合間を見て、芝の斜面を下り、下段会場の彼に会ってみると、なんとも優しい親切な人だった（写真）。近寄ってみると、王から受けた様相のままといっても、威圧的ではなく、ご本人の柔和な人柄が出ている。

聞いてみると、この行事には多くの村民がボランティアで参加していて、それぞれの役どころを担当しているが、平等の立場を尊重して、誰もが本名を出さないのだという。二〇一六年六月の日付と共に署名してくれたのも、「ドーバー」その人としての署名だった。

本名は秘してはいたが、人々が彼に払う挨拶によって、その身柄はすでに皆に知られているのであった。地元チピング・キャムデンにあるセント・キャサリン教会の牧師さんだった。

ここで、この人に聞くべきことがあるとするなら、それは王の認可というものについて以外にはなかった。国王はこのときなぜ彼らの「オリンピック」に賛同したのか。そして、王の衣装までを差し出してくれたのか。これらだ。

「簡単にいえば……」と、「ドーバー」氏は語ってくれた。

「当時イギリスでは、国民が二つの派に分かれてしまっていたのですね。英国国教会を擁立する派と、それに反対する派です。

この抗争は、宗教的な対立を超えて、政治問題、社会問題にもなっていたのです。反対派、つまりピューリタン（清教徒）たちが求めていたのは、神へのひたむきな祈りであって、安息日の順守と禁欲的な道徳を守ろうということでした。

節制した生活こそが人の道だというのでしたから、彼らの主張では、娯楽やお祭りなどの楽しみごとは、一切が否定されるべきだ、となってしまうのです。

ドーバー役の牧師さん（右）と筆者（左）

国王は国教を守る立場から、彼らの主張には乗らなかった。娯楽やお祭りなどの楽しみを禁止するどころか、むしろそれらを容認し、奨励さえしたのです。特に伝統的な民族の娯楽を発展させた運動競技会を王は重視しました。ということは、言いかえれば、当時国民がスポーツを中心とした競技会を開くということは、国王の考えに協調し、それを推し進めるものという意味があったといえます。

国王ジェイムズ一世がこのコッツウォルドの行事を公認し、自分の衣服まで提供してくれたのは、そういうわけだったのですよ」

なるほど、そうだったか。ここには、そんな深い意味があったか。清教徒がメイフラワー号でアメリカへ行った話は、私も以前本に書いたことがあるというのに、それがこのことと関係していたことに気づかなかったとは。

王への忠誠の表明でもあったとなれば、お祭りもなるほどこうなるかと、理解はうまく続いた。イギリスが「スポーツの故郷」と呼ばれる最初の要因がそこにあったとも言えそうだ。

「それにしても」と、私はもう一言付け足した。

「いち田舎の祭りとも言うべき競技会に『オリンピック』という言葉を使っていたというのは、今となっては大きな意味を持ちますね。ただのスポーツ・イベントではなかったということになるのですからね」

彼の答えはこうだった。


「そうですね。ご承知のとおり、古代オリンピックは争いごとをやめさせましたね。競技の期間はもちろん、その前後にも平和をもたらしたのですね。ドーバーがオリンピックという言葉にこだわったのも、その意味からだったと言われます。

彼はスポーツによって人々の心を一つにすることを望んだのでした。『古代オリンピック』とこの村の行事とでは、まるで規模は違いますがね。狙いというか、その精神性は同じだったと言っていいのではないでしょうか」

「すね蹴り世界選手権試合」

グラウンドでは競技が続いていた。

さまざまのチーム・ゲームで気分が盛り上がってきたところで、いよいよ呼び物の「シン・キッキング」となった。これこそは、大会種目の中で最も競技性のあるもので、競技者は真剣そのものだ。

「シン」とは、shinと書かれ、「向こうずね」を意味する。「キッキング」とは「蹴る」ことだから、これはつまりは、「向こうずねの蹴り合い」を意味する。膝から踝までがshinなのだから、それ以外の部位を蹴ってはルール違反だ。

その防御のために、競技者の若者たちは長靴下の下に麦わらを詰め込む。互いに一対一で肩を摑んで組み合い、膝を蹴り合うのだ。先に倒れた方が負けである。相撲のように立ち合いの一瞬に勝負がつくということはなく、いずれも激しい攻防である。その度に拍手と歓声がこの丘の上に湧き上がるのであった（写真）。

驚くべきは、この「コッツウォルド・オリンピック」の「すね蹴り」には、「すね蹴り世界選手権試合」の名称までが与えられていることだ。歴史的に見て最も古いものだったから、そう呼ばれるのも当然か。

人気の「シン・キッキング」の勝ち抜き戦が終わるころには、時計はもう午後九時半を指していた。

それからが、ある意味ではこのイベントの本番で、丘の上での花火のあと、参加者による松明行列である。楽隊を先頭にその行列は丘を下り、村中心の広場に至る。子供たちには照明灯付きの安全な「魔法の杖」が与えられていた。

広場では、多くの村民が待ち受けていて、松明組と合流して全員によるダンスとなった。老若男女、誰もが参加できるこれをもって、興奮の一日の終わりとしようというのであった。

シン・キッキング

その興奮の中で、改めて思うことがある。

どうして、それがこの村で始まったのか。

創始者ロバート・ドーバーは、いったい何を思っていたのか、などなど。

いや、ロバート・ドーバーとは何者だったのかさえ、まだ私は知っていないのであった。

第二章　王の信任のもとに

友人たちによる詩集

翌日のことだ。チピング・キャムデンの本屋で、私はいい本を見つけた。中央のハイ・ストリートからシープ・ストリートへと少し入ったところにある小さな古本屋だった。その先にあるのが、かつての手工芸のギルドの建物。そこでは地元の作家たちが、今もさまざまにスタジオを開いていると聞いて、歩いて行く途中で、見つけた店だった。

入ってみると、天井はおそろしく低く、おまけに狭い。部屋にいるだけで本に閉じ込められてしまった感が避けられないが、それだから余計に効率よく得難い書物に出会えるのだから、文句はいえない。

物事の探究には、まずはその地元へ行くことが重要というのは、一つには、その土地でなければ接触し得ない事物に出会えるからといえる。本も、まさにその一つ。まるで鼻の先に接触しそうな近さの棚の中で、その本たちが私を待ってくれていたのに感謝した。

一冊は"Robert Dover and the Cotswold Games"(『ロバート・ドーバーとコッツウォルド・ゲームズ』)。もう一冊は、他でもないそのコッツウォルド・ゲームズの協会が発行した"Heigh for Cotswold!"(『ああ、コッツウォルド!』)だった。

通称で「コッツウォルド・オリンピック」とされるゲームのもともとの姿について、今かなり詳細に知られているのは、これら二冊の書があるからなのだ。その二冊を一挙に手にすることができたのだから、そのうれしさといったらない。これらから、私はどれだけ多くを学ぶことになったものか。

その一つ、前者については、少し説明がいる。

実はこれは、もともとは"ANNALIA DUBRENSIA"(『アナリア・ドゥブレンシア』)という詩集だったのを、わかりやすく書き直したものだった。

ロバート・ドーバーという人には、いい友人が多くいたらしい。ドーバーの始めた若者たちのためのスポーツ競技会を、彼の友人たちが支援した。そして、その催しを三十三篇の詩にして書いたのが『アナリア・ドゥブレンシア』だった。ただし、一六三六年に出されたこの詩集は難解だった。

これを読み砕き、一九六二年に書き改めてくれたのがクリストファー・ホイットフィールドという人だった。私

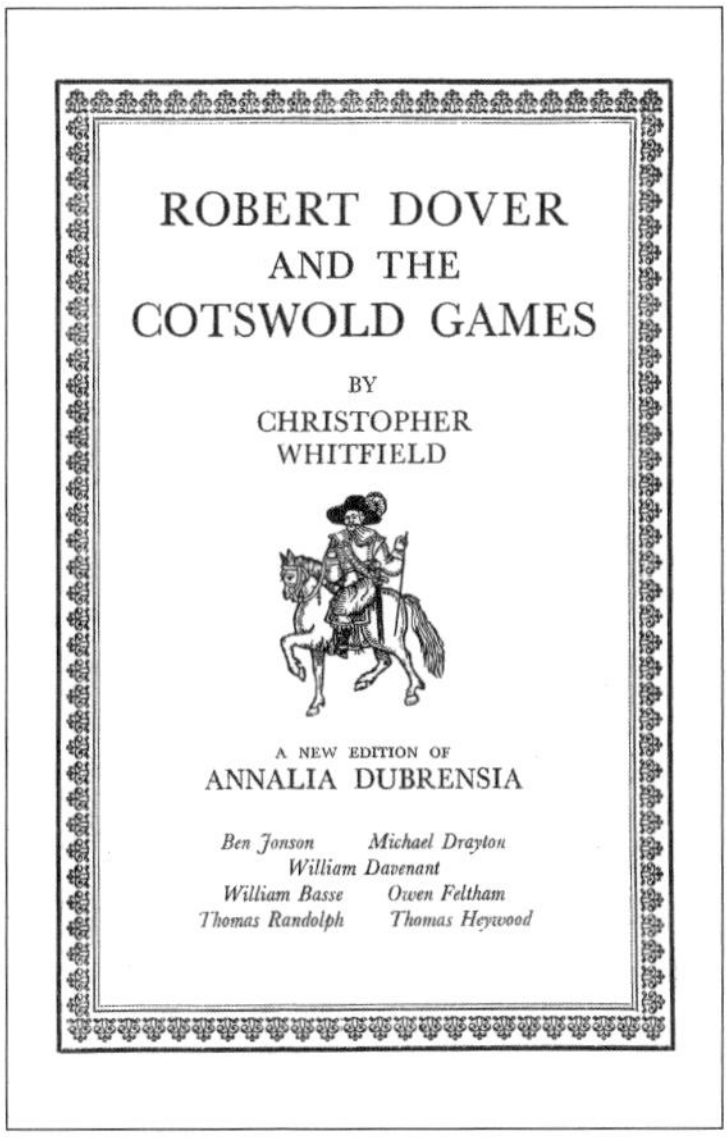

"ROBERT DOVER AND THE COTSWOLD GAMES"

が幸運にも手に入れたというのが、まさにその書。五百部限定のうちの一冊だった。早速、ありがたく読み始めたが、平易になったものとはいっても、まだまだ読み切るのは相当にむずかしいものだ（写真）。

詩人には七人もの名が読める。中でも驚くべきはベン・ジョンソン（一五七二〜一六三七）やマイケル・ドレイトン（一五六三〜一六三一）といった英国文学史に名を残す大物たちも含まれていることだ。

ベン・ジョンソンは、劇作家、俳優としても有名で、シェイクスピアに次ぐ地位を確保していた。宮廷仮面劇の成功で、国王ジェイムズ一世の信任を得て、年金まで受けていたというから、ドーバーの「コッツウォルド・オリンピック」が国王の認可を受けていたのにも、多少は彼の力も及んでいたのかもしれない。またマイケル・ドレイトンという人は、韻文を得意とした人で、「イギリスの風土記」とも呼ばれるべき多くの作品を残したことで有名だ。

彼らは、友人ロバート・ドーバーの高貴な精神と素直な心に、よほど心酔していたのだろう。そうでなくて、彼のすることを、これほど称揚することはないはずだし、彼が推し進めることに協力するということもなかったろう。

今現在の、ここの「コッツウォルド・オリンピック」が、普通のOlympicという表記とは違って、いかにも古風なOlimpickと表されているのも、この詩集に合わせたものとされる。

ロバート・ドーバー

「コッツウォルド・オリンピック」なるものを始めたロバート・ドーバーという男のことについては、これらの二冊から見るのが一番だろう。

彼は一五八二年（一五八一年説もある）、イングランド東部ノーフォーク州のグレイト・エリンガムに生まれた。ということは、彼はもとからのコッツウォルドの人間ではなかったわけだ。長じてケンブリッジのクィーンズ・カレッジに学んだ。学校の雑務を担当する代わりに、授業料を免除してもらう給費生だった。

一六〇五年二月、ロンドンの法学院の一つ、グレイズ・イン（Gray's Inn）に入り、本格的に法学の道へと進んだ。彼がスポーツごとについて積極的な考えを持ち始めるのは、ここに来てからである。人間性の解放としてのスポーツの存在を考えるようになったからだ。

ロンドンの法学院といえば、このグレイズ・インを含めて四つあり、それらがイギリスにおける弁護士の任命権を専有している。グレイズ・インは一三七〇年の設立だったが、それは今もチャンセリー通りに当時を偲ばせつつ建っている。

彼ロバート・ドーバーがここで学んだのは、法学やスポーツのことばかりではなかった。古きギリシャの文学についての知識も得て、みずから詩作の道にも入った。ということは、のちに「古代オリンピック」の再現を始める彼の着想も、遠くこの時期に始まっていたのかもしれない。

ロバート・ドーバーがそこで修業をしていた時代というのは、ちょうどシェイクスピアの傑作が次々に上演されていた時期にあたる。ほかにも多くの作家が実力を競い合っていて、それぞれに華やかな活動を見せていたときであった。グレイズ・イン法学院は、それら多くの劇作家の作品発表の舞台にもなっていたというから、そういった刺激を、ドーバーも強く受けていただろうと想像される。

弁護士となったロバート・ドーバーは、一六二二年にブリストルの商人の未亡人シビラ・サンフォードと結婚した。そして、このコッツウォルズ地方にやって来て、丘の麓の村に住んだ。彼女の父親はオックスフォード大学コーパスクライスト・カレッジの学長をした人だったとか。

彼ら二人が住んだのは、セイントベリーやチピング・キャムデンである。きょうだいの何人かが、それ以前からそこに住んでいたからだといわれている。

創作か、改良か

ここで新婚の時期を過ごしていた間に、ロバート・ドーバーは民衆のスポーツ競技会に係わるようになった。その最初がいつだったのかについては正確なことはわかっていないが、書物によれば、たしかに村のインフォメーションの婦人たちが教えてくれたように、一六一二年、彼らがセイントベリーにいたときだったのではないかという説が有力だ。なぜなら、そこには一八五一年の史料の中に、次のような一節があるからだ。

「今年はかの高貴にして英雄的なジェントルマンであるロバート・ドーバー氏が、多くの人々の支持を集めるこの有名なオリンピック・ゲームズを始めて二三九年になる……」

注目すべきは、「オリンピック・ゲームズ」という言葉がすでに彼のゲームに使われていることだが、それは法学院時代のドーバーを知る人たちなら誰もが共通して持っていた知識だったとされる。「この有名な」という形容詞がそれに与えられていることも、それを支持する。

しかし、そうはいっても、彼が本当にその時期に競技会を始めたのかどうかについては、異論がある。彼がこの村にやって来たときより以前からあった土着の行事に、彼が手を加えて「改革」したのではないかというのだ。

この意見が理由として挙げられるのは、もともとここコッツウォルドの人間ではなかった彼が、こんな大きな競技会をそう簡単に始めることなどできなかっただろうと判断されることから来ている。たとえ、国王から衣装を譲り受けるという幸運があったとしても、これはいささか出来過ぎではないかというのだ。

この一帯の丘の上では、それ以前から羊飼いの若者たちが飲食を楽しみ、歌やダンスに興じることがよくあったらしい。季節の節目や、何か祝いごとがあったときには、特に大きな会となっていたものと思われる。それに目をつけたロバート・ドーバーが、そこに新たな生命を吹き込んで、一段と高められた祭典にしたのではないだろうか、というのだ。

ともあれ、彼の人物評に始まり、彼がしようとしていたことに至るまでを、書物によって知ることが出来るのはありがたいことだ。現在のイギリスのスポーツ史に詳しいサザンプトン大学のマーチン・ポーリー教授が言われるところによれば、ドーバーはこのイベントによって、イギリスに古来あった友人同士の愛情、饗宴、付き合いを蘇らせただけでなく、自分たちもかつてのギリシャ人たちのような偉大さを持つためには、国民の気概を示す大スポーツ・イベントを開く必要のあることを知らしめた意味を説く。そして、持ち前の公平さをもって、あくまでも生活の中での素朴な楽しみの増進を目指していたことを評価する。

彼はかねてから戸外でのスポーツを人々に奨励していた。特に若い人々にとって、健全で友好的なスポーツで競い合うことは大切だとして、その大会を始めたというのは信じていいと思う。

競技種目は？

ところで、最初は、どんなことがそこで行われたのか。

その種目を具体的に見ようとすれば、詩集の口絵にあったとされる図（写真）によるのが明白だ。

上から見ていくと、まずダンスがある。そばで太鼓を叩いている人の姿があるから、音に合わせての踊りだったのだろう。フェンシング、跳躍、その右に見えるのが「シン・キッキング」（すね蹴り）だ。倒立、競馬やハンティングは男性の競技だ。

詩集の口絵

テントが見えるから、中でチェスなどが行われたのであろうか。それに、ハンマー投げや棒投げもあったことがわかる。大会は時代と共に種目を変えながらも、続けられた。

一番上に城のようなものがある。大砲の煙が出ているから、そこから撃ち鳴らされたのであろう。

この図の下段中央の乗馬の人が、ロバート・ドーバーであるのは言うまでもない。では、中央右の四角の図案は、一体、何なのか。

これには何の説明もなく、いろんな人がさまざまに解釈している。「コッツウォルド・オリンピック」を表す旗の図案だったとする説、木彫りの競技があって、その図案だったとする説、花壇がこのように造られていたのだとする説、ほかには、こんな迷路が造られていたのでは……というものまである。

アメリカのサウス・カロライナ大学史学教授のリチャード・マンデルによる有名なスポーツ文化史"Sport: A Cultural History"においても、次のように紹介されている。


「コッツウォルド・オリンピックは棒投げ、ハンマー投げ、跳躍、レスリングなどのほか、羊飼いの笛に合わせてのダンスなどもある。種目は変わっていった。しかし、そのスポーツ祭りは、時に応じて、十九世紀に入ってもまだ続けられた。

英国のこうした民衆のスポーツ大会は、ほかにもいくつかあり、『オリンピック・ゲームズ』という通称で開催されている」


そうなのだ。この「コッツウォルド・オリンピック」の他にも「ウェンロック・オリンピアン・ゲームズ」や「リバプール・オリンピック・フェスティバル」等々があったことは、まさにあのリバプール行きの急行列車の老作家が口にしたとおり。これらについては、あとの章で説明したい。

「コッツウォルド・オリンピック」とシェイクスピア

「コッツウォルド・オリンピック」は多くの観衆を集めた。

例の詩集には、その観客数に関する記述はない。しかし、この大会のことはロンドンにまで鳴り響いていて、そこからわざわざやって来て、ゲーム観戦を楽しむ人も多くいたことが述べられている。参加者の社会層に何の隔てもなかったことは、注目に値する。たしかに、この「オリンピック」には貴族も来れば、農夫も来たのである。当初の競技種目にはクリケットもあったし、闘鶏も入っていた。召使も主人も一緒にスポーツやゲームを楽しむという情景があったという。

よく知られるように、普通こうしたスポーツごとになると、上流階級の者の世界に下層の者が恐縮しながら参加するという図式になるものだが、ここコッツウォルドの場合は逆。一般民衆の行事に、貴族たちも下りてきて加わっているのだ。それは、上流階級の人たちにも来やすい雰囲気を漂わせようと、ロバート・ドーバーがいろいろと工夫したからで、彼らのその大会にわざわざハープ奏者を招いて演奏させたりもしている。

のちにフランスの男爵ピエール・ド・クーベルタンが、それまでのイギリスで発生していた「オリンピック」のいいところを集めて、真の近代オリンピックを誕生させたとき、「コッツウォルド・オリンピック」からの知識もそこに加えられていたに違いなかった。中でも、彼が特に学んでいたのは、参加者の社会階層や身分に隔てがなかったことではなかったろうか。

ところで、かのウィリアム・シェイクスピアもこの「コッツウォルド・オリンピック」を見に来ていたという話があるのは、本当なのだろうか。地元においても、また、ロンドンにおいても、二人には共通の友人や知人がいたとのことだから、ドーバーが始めた「コッツウォルド・オリンピック」についてもシェイクスピアが知っていたことは間違いないとされている。見に来ていたことも十分にあり得るとされるが、確実に証拠として挙げられているものはない。

作品では、"As You Like It"（お気に召すまま）の中のレスリングのシーンや、"The Merry Wives of Windsor"（ウィンザーの陽気な妻たち）の一六二三年二つ折れ版にあるスレンダーの左記の表現にあるのがそうだとの意見がある。

How does your fallow greyhound, Sir?
I feard he was outrun on Cotsall.

王によるスポーツ振興

ところで、このあと間もなく、結果的にはイギリス中に高いスポーツ熱を巻き起こす一件が起きた。一六一七年、ランカシァー郡でのことだった。

国王ジェイムズ一世がスコットランドへ行った帰りに、ランカシァー郡マイヤーズコウ(Myerscough)の村を通過したとき、彼は村人の青年たちと出会った。このとき、青年たちは王に訴えたという。

「英国国教に不満を持つ清教徒たちは、私たちがスポーツやゲームを楽しむことに反対しています。彼らによって、娯楽がすべて禁じられそうで、今私たちはとても困っているのです。彼らは聖書に忠実に生きることばかりを主張して、私たちの娯楽を認めてくれません。これを王の力で何とかしてほしい。お願いします……」

王はそのとき、彼らの話に十分に耳を傾け、そしてそのあと、即興でスピーチをした。それは青年たちの頼みを受け入れるものであった。王は、彼らの楽しみごとを守ると約束してくれたのだ。

彼はチピング・キャムデンのドーバーたちのゲームのことを思い出していたのかもしれなかった。直接に衣服まで提供したその「オリンピック」のことが、そのときの彼の頭になかったはずがない。

清教徒たちの考えを退け、国教を守る意味からも、村の青年たちの請願に応じたのだ。青年たちは、王から直接約束をもらったことで大喜びした。しかし、次の日曜日、彼らがいつものようにスポーツやゲームなどを楽しんでいると、またもや清教徒たちが出てきて、彼らに猛烈に抗議した。教会での清教徒たちによる神への祈りが、青年たちの娯楽で乱されてしまったというのだ。

決然たる意思が、王から示された。

王にはマイヤーズコウの青年たちと約束した手前がある。彼らの無邪気な娯楽は、決して非難されるべきものではなく、許可されているものであることを示したものだった。その指令は、取り留めのない一書類に過ぎなかったともいわれるが、趣旨は明白。ランカシァー郡のすべての教会で、読み上げられるものとなったのだとか。

いや、それだけではなかった。

これがうまくいったことに気をよくしたのか、翌一六一八年、王は、今度はイングランドとスコットランドの全土に、同趣旨の通達を出したのだ。もちろん、それはすべての教会で読み上げられた。春に向けた新しい遊びやレクリエーションの「メイ・ゲームズ」と呼ばれるものが追加され、奨励されたのだった。

この王によるスポーツの奨励文書は、"BOOK OF SPORTS"（スポーツの書）という名で知られる。もうこうなると、イギリスが「スポーツの故郷」と呼ばれる理由が、いよいよ明白だ。スポーツとは、誰かの目を盗んで遠慮がちになされるべきものではなく、王のお墨付きのもと、大手を振って堂々となされるべきものとなったからだ。

たしかにスポーツは人の心を明朗にし、生活にメリハリを与えるものとなった。元気になったからスポーツをするのではなく、スポーツをするから皆が元気になった。それは彼らの生活に根づき、勤労への意欲を増進させるもとにもなった。

オックスフォードの牧師ロバート・バートンが言ったという言葉に、こんなのがある。

「家の召使たちに、週に半日の娯楽を許すだけで、彼らはそれ以外の時間の労働をより熱心にするようになった」

人間生活にスポーツ（原義＝気晴らし）が必要なことを、そんなに早い時期にはっきり王の意思をもって示した国は、イギリスをおいて他にはない。

仮に、ロバート・ドーバーが、最初はコッツウォルドの人々の健康と親睦を重視して、それまでの「古き良きメリー・イングランド」の行事に、多少の色をつけて踏襲していただけだったとしても、それは単なる村民への気晴らしの提供という意味を超えて、王権の民間への委譲を象徴するものにさえなっていたといえそうだ。スポーツを楽しむことは、そのまま王の意向を進めることにつながり、社会的、政治的な意味すらを持ってきたからだ。

最初の中断と再開

ただし、この「コッツウォルド・オリンピック」にも、その後二度の中断があったというのは、どういうことなのか。王による奨励まで受けていたとは言っても、何も問題なく続けられたのではなかったことがわかる。

最初の中断は、一六五二年にやって来た。

その理由には、二つのことがあった。一つは、ロバート・ドーバーが一六五〇年に死去したことだ。中心人物を失っては、「コッツウォルド・オリンピック」の運営に支障が出たのも致し方なかった。彼はバートン・オン・ザ・ヒースのセントローレンス教会に埋葬された。

二つめの理由は、もっと大きく、重大なものだった。

ピューリタン（清教徒）だったオリバー・クロムウェルが、国王軍と対立する議会軍を率いてのし上がり、一六四九年、チャールズ一世を処刑して政権の座についたからである。この二派の抗争にチピング・キャムデンも巻き込まれてしまった。そんな時代となっては、チャールズ一世の父ジェイムズ一世の認可のもとにあった「コッツウォルド・オリンピック」も、元のままに存続させられるわけがなかった。

しかし、一六六〇年、チャールズ二世が即位してからの王政復古の時代になると、「コッツウォルド・オリンピック」は息を吹き返す。ロバート・ドーバーの息子のジョンは、国王軍の騎馬隊長をしていたが、それを退いてからは一六九六年の死まで地元コッツウォルドに住んで地元義勇軍の隊長を務めつつ、「オリンピック」を守った。

その子たちも「オリンピック」を守るのに情熱を傾けた。長男は父と同じ名のジョン、弟はトーマスだった。

彼らはもともと祖父のロバート・ドーバーを深く尊敬していて、かつての「オリンピック」種目の多くを再生させた。一帯の若者たちに息抜きと楽しみを与えようとした祖父さながらに、音楽やダンスなどにも力を入れたのである。

次男のトーマスの人生はまことにドラマチックだ。彼は医師となって貧民の救済にあたった。今も普通の辞書にも出ている発汗・鎮痛剤「ドーバー剤」(Dover powder)に、その名を残している。「ドーブル剤」とも訳されるものだ。

彼は、医師としての仕事をやり遂げたあとの一七〇八年から一二年にかけて、南米への旅に出た。私掠船船長としてスペイン船を追っていたが、チリの西のファン・フェルナンデス島に上陸したところ、そこで一人の男を発見。それが、アレクサンダー・セルカークであって、ダニエル・デフォー著の『ロビンソン・クルーソー』のモデルとなった。名作『ロビンソン・クルーソー』は彼の発見から始まったわけで、そのとき、もしトーマスがその島に着いていなければ、あの作品は生まれてはいなかったことになる。

共感を得て繁栄

一六六〇年に再開された「コッツウォルド・オリンピック」は、その後しばらくは特に大きな変化もなく続けられた。再び平和の時代となって他所からも観客が来るようになり、さらに広く知られるところとなった。ホテル組合が特に熱を入れたことが効果的だった。

また、文芸作品でもこのスポーツ競技会のことがよく書かれ、ドーバーの丘やチピング・キャムデンの名が近隣に鳴り轟いた。社会階層による差別を撤廃しようという気風が起こる中、分け隔てのない、ごちゃ混ぜのこの田舎の競技会に人気が高まったからだ。

種目には変化があって、未婚女性の競走が盛んになった。絹の手袋や帽子が賞品となっていて、彼女たちの激走が見られた。競馬やポニー競走、レスリングに木刀試合等にも人気が集まった。古くからあったものでは、やはりシン・キッキング（すね蹴り）への関心が群を抜いていた。

古代ギリシャのオリンピック精神と違っていたのは、この時期には勝者に賞金が贈られていることだ。衣装代補助の名目のときもあるが、ともかくもスポンサーがついて、勝者は現金の提供を受けていた。一八〇六年の例でいうと、一マイルのロバ競走優勝者に一ギニーなど。古代ギリシャの大会でも、建前は金品の授与は認められてはいなかったというが、実質的にはあったのと同じだったとの話もある。

再開後の「コッツウォルド・オリンピック」もまた、前例に違わず、どのゲームも無邪気にプレイされた。

そうした主要な競技を補っていたのが、遊びの要素の強いゲームで、目隠し鬼ごっこや、袋に入って跳んで進む競技、輪投げ、馬蹄鉄投げ、ダンスに音楽などなど。喜劇演技もあり、食べ物も豊富に用意されていて楽しさが横溢していたのだ。

一八四〇年代に入ると、鉄道の影響を強く受け、観客が激増した。ときには三万人の観衆を呼んだこともあって、沈滞していた田舎町を興奮と混乱に巻き込んでいる。それにつられて、以前は控えめだった観衆の間にも、暴力事件が起こるようになった。反対派からの抵抗や抗議は、まだ時々発生し、依然として続いていたことが知られる。闘鶏など動物を虐待する種目は、一八二四年から廃止になっていることにも注目したい。

王と教会の保護のもと続けられたこの「オリンピック」は一八五〇年まで続き、そのあとさらに盛大になった。それを促したのが一八五一年、ロンドンのハイド・パークで開かれた最初の万国博覧会（Great Exhibition）でイギリス全土に熱狂を生み出したのだ。

万博に押しかけた見物人は、国外からの者も含めて、五月から十月半ばまでの約半年で六百万人以上に及んだ。人口が、イングランドとウェールズを合わせても千八百万人だった時代である。世界的に著名な旅行会社トーマス・クック社は、この熱気の中で生まれたものだった。ロンドンとウェールズとを結ぶ要路にあったチピング・キャムデンの町が受けた影響が小さいはずはなかった。

二度目の中断は「囲い込み」から

しかし、何事にも栄枯盛衰はある。

スポーツ行事のみが、その例外であることは許されない。万博景気に沸いた直後から、「コッツウォルド・オリンピック」も衰退の道を辿り始める。人々の関心が薄れたのだとか、飽きられてきたのだという以上に、もっと大きな理由があった。

エンクロージャーである。つまり、地主たちによる土地の「囲い込み」。

もともとは、牧羊目的で行われたものだった。

羊というのは、一頭につき信じられないほど広い牧草地を必要とする。基幹産業の牧羊を守るには、それが何より重要なのだ。富裕な土地所有者は借地農を追い出したり、土地を買い取ったりした。農地であったところも、柵や垣で囲われてしまい、牧羊以外の目的には使えなくなった。

第二次「囲い込み」は、農業の能率を高めるためになされ、そのための法律が作られた。その結果、イングランドとウェールズの大部分の農地が囲い込まれて、開放農地は姿を消していった。農地は少数の上流中産層の手中に集中することになっていったのだ。追い出された農民の多くは、マンチェスターやバーミンガムなど大都市に向かった。そして工業労働者となって、産業革命による激波を陰で受け止め、国を支えることになるのは歴史の語るところだ。

「ドーバーの丘」も、一七九九年に囲い込まれてしまって、大会は従来のようにはいかなくなった。縮小された形で続いたものの、一八五二年には、ついに二度目の中断を迎えるのだ。

その百年にも及ぶ空白の間にも、ドーバーズ・ヒルでのゲームの再開を待つ声はつねに聞かれたというが、現実には「囲い込み」の余波はそれほどまでにも長く彼らを支配したのだった。

「英国オリンピックの最初の動き」

中断の間にも、ドーバーの丘は村民の日常の憩いとして、いつも広大な眺望を提供してくれていた。地元民による民俗的なゲームや花火などは、たまに行われることがあったという。

やがて時代は移って、次第に本格的な「コッツウォルド・オリンピック」の復活を願う声が高まってきた。そのきっかけは、一九二九年のナショナル・トラストへの登録だった。多くの寄付金の助けもあり、所有者の土地提供も進んで、「コッツウォルド・オリンピック」復活の動きが活発になった。

英国オリンピック委員会はコッツウォルドの大会をオリンピックの最初の動きと断定した

準備が進んで、二度目の再開を迎えることが発表されたのは、一九五二年だった。しかし、それは予定どおりには実施されなかった。折悪しく口蹄疫が流行したのだ。

そうなると、一時は熱気が停滞することになったが、一九六三年になって、ついに本格的な再スタートとなった。王の使者エンディミオンの乗馬姿も、ロバート・ドーバーの再来も、元の丘に戻ってきたのである。

男性にはボクシング、女性には枕投げなど新たな種目も加わり、家族レース、障害物競走、ロバ乗り競走、綱引き、馬蹄投げなども始まった。人気ゲームがシン・キッキングだったことはいうまでもない。また、そうした競技ばかりではなく、花火、芝居、ダンス、パレード等の祝賀行事にも人気が集まった。

一方、その時代になると、クーベルタン男爵が始めた近代オリンピック（後述）も回を重ねるようになっていて、「オリンピック」の語の使用が問題視されるようになった。コッツウォルドの関係者も遠慮をしつつそれを使ったという。しかし、これも一九七〇年代には正式に許可されて、元のままの「コッツウォルド・オリンピック」の名で呼ばれることとなった。英国オリンピック委員会から、それがイギリスにおけるオリンピック運動の貴重な開祖だとするお墨付きを得たからだ。今の正式名は、「ロバート・ドーバーズ・コッツウォルド・オリンピック・ゲームズ」である。

このあとに「ウェンロック・オリンピアン・ゲームズ」や「リバプール・オリンピック・フェスティバル」などが続くのは、歴史の語るところである。

コッツウォルド・オリンピックの様子

二〇一二年には、ロンドン・オリンピックがあった。

英国オリンピック委員会はその機会に声明を出し、この再編された「コッツウォルド・ゲームズ」を「英国オリンピックの始まりへの最初の動き」と断定した。そして、オリンピック・トーチを通過させて、その栄誉を讃えたのだ。

こうしてみると、コッツウォルドの大自然の中、チピング・キャムデンの丘の「オリンピック」が今も証明してみせているのは、民衆の力といったものだと思えてくる。

各地に興った紳士階級（ジェントリー）は、時代と共にかつての王権に代わってイギリスの主要な担い手になっていったことはよく知られるところ。地方議会の存在価値が急上昇し、民衆の中で育った正義感や勇気などの資質に溢れるジェントリーがその中心となった。チピング・キャムデンの例は、まさにその典型的な例といえるかもしれない。

「コッツウォルド・オリンピック」において、王に代わってそのイベントを取り仕切るロバート・ドーバーの姿。

譲り受けた衣装ながらも、それを身につけた彼が民衆の先頭に立つ姿は、イギリスの歴史における王権と民衆との力関係の逆転を意味する象徴と見えた。

第三章　クーベルタンの出現

ピエール・ド・クーベルタン男爵

のちに「近代オリンピックの父」と呼ばれることになるピエール・ド・クーベルタン（写真）は、一八六三年、フランス・パリの貴族の家系に生まれた。

一八六三年といえば、イギリスのチピング・キャムデンでの「オリンピック」が二度目の中断にあった時期である。そのため、クーベルタンはそんな大会のあったことなど、知らずに幼少期を過ごしている。

東洋大学准教授の村田奈々子氏は、その著作において、ピエール・ド・クーベルタンが貴族の出身だったことが、後年、近代オリンピックの復興を目指す上で重要な背景となっていることを指摘しておられるが、たしかにそれは言えそうだ。

ピエールの父の家系は、参謀幕僚付の騎兵士官としてナポレオンに仕えた名家だった。ナポレオン失脚後は、王位に復したブルボン王朝のルイ十八世により世襲男爵に叙せられた。ピエールの父は画家としても知られた人だった。

母も名士を輩出したノルマンディーの古い家系の出だった。彼女は生気に溢れ、輝くばかりに美しく、音楽に深い素養があった。この隠しようもない幸福な身の上を嫉妬したものか、彼女の態度にある種の高慢さと冷淡さがあったとの評もあるが、根は心の温かい女性だったという話もある。

一八七四年、ピエールはイエズス会の中学校に第一期生四〇人の一人として入学する。その制服はイギリスのイートン校の型を真似たものだった。学生時代から彼がラテン語、ギリシャ語などを学び、古語、古典に通じたことにも注目しなければならない。のちにギリシャの「古代オリンピック」に関心を持つに至った要因が、彼においてもまたこの時期にあったかもしれないからだ。

彼は若いころからスポーツに親しんだ。漕艇《そうてい》、ボクシング、フェンシング、乗馬と何でもござれ。射撃も得意で、フランスのチャンピオンに七度もなっている。また、フランスにラグビーを定着させるために、大きな役割を演じることにもなる。

クーベルタン

若くして、彼には一つのはっきりとした自覚があった。それは、フランスをヨーロッパでも抜きん出た国にすることだった。それを自分の天職とすることを、彼は早くもこの時期から自覚していた。一二歳の年齢で、彼は母に向かってこう宣言している。

「僕にはフランスへのたぎるような情熱があります。そして、この情熱を傾けて、いかなる犠牲をも惜しまぬ覚悟が、僕にはあるのです」（"This Great Symbol"）

それは、いかにも貴族の少年らしい、誇りと使命感に溢れる言葉だ。

フランスを強くするために

彼はフランスが政治的にも文化的にもヨーロッパの先頭に立つことを期待していた。しかし、現実的にいって、フランスは経済、文化、軍事等において、決してリードなどしていなかった。むしろ、ドイツに先を越されていたのだ。

一八七〇年から七一年にかけて行われたドイツ諸邦との戦争（普仏戦争）で、フランスは敗戦の憂き目を見た。そして、民族としての自信を喪失した。そんな自国を彼は「鍛え直そう」と誓ったのだ。

フランスにとって最も重要なのは、国民の体位の向上と愛国的意識の形成だったと思われた。それなしには、自国は立ち直れそうにない。

その打開策には、何があるのか。

人一倍強い使命感に燃える若きピエール・ド・クーベルタンは、それを懸命に考えた。どうしたらいいのか。一番足りないものは何なのか。

このときの彼の気持ちがわからないと、このあとの彼のイギリス教育への傾倒が理解できないだろう。

クーベルタンは諸外国の状況を常に深い関心をもって見つめていた。特に文化面での両国の交流には、常に注目を払っていた。フランスのオペラ、バレー、音楽、絵画、建築、文学が、イギリス人にもて囃されるのを喜び、同時にイギリス文化にも深い関心を持った。のちにクーベルタンが度々英国を訪問する下地は、若くして作られていたといえる。

「イギリスには、フランスにない『何か』がある」

彼はそう感じていた。フランス人には欠けている「したたかさ」や「重々しさ」といったものがイギリス人にはある。それらがなぜ彼らの身についているのかが、よくはわからなかった。何が彼らをそのようにさせているのか。

しかし、やがて注意して見ていくうちに、次第に湧き上がってくる思いがあった。

「その何かとは、教育ではないのか」という考えだった。

一旦そう思い始めると、それはたしかに当たっていると思えてならなかった。もともと、彼はイギリスの上流階級の子弟に対する教育制度に興味を持っていて、ずっと注視はしていたのだ。

『トム・ブラウンの学校生活』

イギリスの教育についての彼の興味の始まりは、『トム・ブラウンの学校生活』（Tom Brown's School Days）という本（写真）を読んだことだった。これはトーマス・ヒューズ（Thomas Hughes）という人が一八五七年に出したもので、著者の学校時代のことを具体的に書いたものだった。その学校というのが、パブリック・スクールの一つ、ラグビー・スクールのことであった。

その本の中に書かれているイギリスの学校生活のあれこれは、クーベルタンにとってまさに目の覚めるようなものばかりだったのだ。厳しい生活、ゲームでの激しいプレイ、決然たる判断と勇敢な行為、さらにはチームへの忠誠……。一二歳で初めてこれを読んだクーベルタンは、以後、この本をまるでバイブルのように絶えず手にしていたという。自分が育てられたフランスの教育と、それはまったく違って見えたからだ。

彼が一番注目したのは、イギリスの教育は「バランスがとれている」ことで、精神的な訓練と肉体的な鍛錬とが共に調和的になされている点だった。自分の経験からいって、フランスの学校教育のやり方は時代遅れであった。それに比べ、イギリスのパブリック・スクールでは、生徒たちはさまざまな機会を通じて、体力の増強と人格の養成がなされているように思える。

イギリスのパブリック・スクールというのは、上流・中流の子弟を集めてエリート教育を施す私立中学校のことで、たいていが全寮制。イートン校やハーロー校はとくに有名だが、ラグビーという町にあるそれも名門だ（パブリック・スクールという語は、アメリカでは公立学校を意味するが、イギリスでは私立。「パブリック」とは、ここでは「皆のために尽くす人物を育てる」の意だという。たしかに卒業生には政府役人や国家の指導的立場に立つ人が多い）。

"Tom Brown's School Days"

その一つ、ラグビー校は、フットボール（サッカー）からラグビーという新球技を生み出した学校として有名だ。サッカーの試合で、思わずボールを抱えてゴール・ラインの向こうまで走り込んでしまったウィリアム・ウェッブ・エリス少年の話は、この『トム・ブラウンの学校生活』にも書かれ、ラグビーという球技の発生神話となり、今ではすっかり定着している。

それまでのルールでも、ボールに手を触れてはいけないということはなかった。ただ、それを持ってゴールに向かって走った者はいなかった。その最初が本当にエリス少年だったのかどうかについては、実は異論もある。しかし、今はその話を蒸し返すときではないから、それは別の機会においておきたい。

今のところは、ただラグビー校がその球技の最も古い発生地点の一つとされていることを述べ、イングランドの代表チームが白を着るのは、この学校のユニフォームに由来するほどに、その歴史が重んじられている学校だということを語るだけでいい。

ともかく、『トム・ブラウンの学校生活』を読んだことに端を発したイギリスへの憧憬は、クーベルタンの中に長く留まるものとなったようだ。

エリス少年の銅像

最初のイギリス訪問

一八八〇年、ピエール・ド・クーベルタンはサン・シールの陸軍士官学校に入学するが、数カ月後に退学した。理由は明確にはされていないが、仮にそこを卒業しても、功名と昇進の見通しが決して明るくは見えなかったからだとの意見（『クーベルタンと近代オリンピック』）がある。彼自身の言葉の中から理由を探せば、「フランスの偉大な教育改革に、自分の名前を結びつけたいとの要求に動かされて、人生の進路を変更しようと決心したため」だったことがあげられる。

つまり、この時期の彼は、自分の将来についての重大な決断の時期であったのだ。東洋大学准教授の村田奈々子氏が指摘されていたのは、そのことに関してであった。

貴族としての悩みに苦しむクーベルタンの背景を語ってくれている。一七八九年のフランス革命を発端として、国王を頂点とする古い社会構造は否定され、平等な市民からなる社会への動きが始まっていた。貴族という身分は消えゆく運命にあり、その特権など、やがては意味を持たなくなるのが明らかだった。

現実の社会で機能を持たなくなる貴族の者として、彼クーベルタンは自分の位置づけに迷っていたのだ。もちろん、彼には貴族としての名誉もあった。それを高めつつ、社会の中で自分の存在価値を示すにはどうしたらいいのか。

彼が出した結論というのが、私利私欲や実利の追求を捨て、人徳を高めること、そして「勲功」と呼ぶにふさわしい行為を示すことだったというのだ。つまり、「公の利益」のための高潔な行為こそが、自分に残された道だとしたものらしい。フランスの教育改革にかかわり、自分の名を後世に残したいと彼が考えていたことは、先に示した自身の言葉にもあった。

ついでに言っておけば、村田氏も編者の一人となっている『学問としてのオリンピック』（山川出版社、二〇一六）から、私がどれだけ多くを学んだかは計り知れない。はっきり言って、クーベルタンのイギリス訪問が意味したところを深く理解したのも、この書を読んでからである。教育の改革者となることを天職とする決意をもって、彼はイギリスへの訪問を繰り返すことになる。ただし、「教育の改革者」とはいっても、当時の彼の頭はフランスのことで一杯で、とても国際的な展望を持つものではなかったろうし、オリンピックなどという巨大な国際大会への構想にすぐに連なるものでもなかった。

ただ、彼はイギリスの教育制度を詳しく知りたいという情熱に押され、どうしても実際にイギリスのパブリック・スクールに行ってみなければならないと考えるようになったものらしい。そして、一八八三年、二〇歳で彼は初めて海を渡ってイギリスへ行き、ラグビー校を訪れた。

今にして思えば、このイギリス訪問が彼の人生を変えたし、さらにいえば、オリンピックという大事業の歴史へ流れを作るもとにもなったのだった。

天啓を受ける

イギリスを訪問して彼が知ったことは、たしかにイギリスの教育は、彼が知るフランスのそれとは違っているということだった。

フランスの学校では、生徒はただ先生から指示を受けているだけという場合が多く、生徒はそれに対応するだけで終わっている。ところがイギリスでは、教育の目的が、「卒業後も生徒たちが自分で行動できるようにすること」になっているところが驚きだった。

　学校生活全体が、あの『トム・ブラウンの学校生活』に書かれているところと、ほとんど何も変わっていないことにも感嘆した。

　学生時代にイギリス人たちが経験するスポーツ、たとえばラグビー、サッカー、クリケットなどのチーム競技は、彼らに肉体的鍛錬を与えるのみならず、道徳的、あるいは社会的な教育にもなっていることに彼は注目した。イギリスの若者たちには、学校を卒業して社会に出たあとも、学生時代に触れたスポーツを続けている者が多い。その中から、リーダーシップをとる人が現れ、社会全体を引っ張り、向上させているという事実は、彼には新鮮だった。弛緩したフランス社会を建て直すには、この方法しかないとまで彼は考えるようになった。

トーマス・アーノルド校長

　ラグビー校の歴史の中でも、特に第二代の校長トーマス・アーノルドを、彼は崇拝するようになる。学校教育の中心に、古典学習とスポーツをおいて奨励したからである。
　イギリスに心酔していた彼は、イギリスの一部をフランスに組み込めないものかとさえ考えた。彼はイギリス訪問を繰り返し、自分

クーベルタンが天啓を得た教会堂

の考えを深めていった。彼は学生たちとあまり年齢も違ってはいなかったので、食堂や校庭で、直接彼らと話をしたと伝えられる。

一に徳育、二に体育、三に社会教育としたイギリスの総合的なやり方を、クーベルタンは自分自身が属しているフランス貴族社会に応用したいと思った。そして、一八八六年、再びラグビー校を訪れた彼に、決定的な瞬間が訪れるのだ。アーノルド校長の墓の前で、彼は一つの啓示に打たれるのである。クーベルタンに関する本は、たいてい、この瞬間のことを重視する。彼の教育論やオリンピック構想にまで影響を与えた歴史的瞬間だとするのだ。たしかに、彼は自身の回顧録“Olympic Memoirs”の中で言っている。

「私はラグビー校のゴシック建築の教会堂の中で、epiphany（神の出現）のようなものを見た」

フランスを鍛え直す方法として、それしかないという結論が、彼の言う神の出現によって決定的になったのだ（写真）。

ラグビー校

そんなことを読んでいると、クーベルタンを理解するキーワードはラグビー校の他にはないという気になってきた。そうなると、どうしても行ってみる必要があると思えてきた。少なくとも、彼を突き動かしていたのは何だったのか。そのヒントの一つくらいは見つかるのではないか。

クーベルタン男爵を虜にしたラグビー校とは、一体どこにあるのか。近代オリンピック創設までの距離はまだ遠いとはいっても、スポーツ行事への情熱をかき立てさせたもとが、そこにあったのには違いないのだ。

位置のことからいえば、ラグビーの町はバーミンガムやコベントリーより南にあるのだから、先に述べたコッツウォルドのチピング・キャムデンからだって、たいして遠くはない。車なら北東へ一時間以内。ロンドンからだって、急行列車で行けば五五分だ。

駅の周辺はいささか殺風景で、ここが本当にあの世界的な球技の聖地なのかといぶかってしまうが、駅から学校までのゆるい坂道を十数分ほど歩いて、校内に一歩入ってしまうと、一切の疑念は晴れる。その景観には目を見張るものがあったからだ。

まずは巨大なラグビー・ボールが迎えてくれた。その向こうに見える城郭のような風格ある建物群とその前の広大なクロース。この学校では、ラグビー場のことは「クロース」(close) と呼ばれる。緑の芝に、鮮やかな白のゴール・ポストとあっては、ここはまさにラグビーの聖地に違いなかった。

クーベルタンはここで何に感心し、何を学んだのかを改めて確認したい。市にも図書館と博物館があるが、ラグビー校には自前の博物館があるのだ。そして、有名なエリス少年の銅像近くには、ずっとこの学校にラグビー・ボールを提供してきた工房と、工房付属のミュージアムもある。

どんな質問にも答えてくれるラグビー校博物館のデイビッド・スウィーニー氏の親切もありがたい。彼はまず私を『トム・ブラウンの学校生活』を書いたトーマス・ヒューズの像のところに案内してくれた。ヒューズは今もラグビー場を見下ろし、エリス少年がボールを持ち込んだ辺りに視線を向け続けている (写真)。やはり、話はそこから始まるのだ。

トーマス・ヒューズ像と筆者

それから彼は校内の各地を見せてくれたあと、クーベルタンが心酔したという、アーノルド校長のお墓がある教会へも導いてくれたのは、ありがたかった。

先にも述べたとおり、物事はやはり地元で調べるのが一番というのは、ここでも言えた。それまで持っていた認識の誤りに気づかせてくれたのも、ここで得られた情報からだった。そんなことが山ほどあった。

その最大のものは、「アーノルド校長は、なぜ学生たちにスポーツを奨励したのか」についてだ。

いや、この表現だって、正確ではないかもしれない。なぜなら、スポーツの奨励ということなら、二代目校長のアーノルドより、むしろ彼のあとに続いた何人かの校長の方がはるかに熱心だったという説があるからだ。アーノルドのみが突出して意欲的にそれをしたというのではなかったらしい。

では、なぜ、彼のことがいつもスポーツ絡みで語られるのか。クーベルタンが彼に心酔している理由の最初もそれだったし、それにはよほどのスポーツへの理解と信奉がアーノルドにはあったはずではないか。

調べてみてわかったことだが、これは一口に言ってしまえば、クーベルタンの思い込み、あるいは誤解といったものだった可能性が高い。故意に曲解したわけではなかろうが、イギリス教育の良さを買いかぶった彼が、深く理解しないままに勝手にそう思い込んだのだと言われても仕方がなさそうなのだ。

そうなると、彼がアーノルドの墓で得たというのは、「神のお告げ」ではなく、「幻覚」だったということにもなりかねない。

スポーツ振興の陰で

その理由の説明には、多少の背景を述べねばならない。

そうしなければ、私たちもまたクーベルタン男爵のように、アーノルド校長を理解したという錯覚を持ち続けてしまい、この学校の教育への判断に、十分に気が回らなくなってしまう恐れがある。

このラグビー校という学校に関して、第一に確認しておきたいのは、名門パブリック・スクールの一つとして、上流階級の子弟を多く受け入れていたという事実だ。すべては、そこから始まる。

貴族の家系の者が、たしかに多かった。ハンティングを愛し、賭け事を好む階層の人たちだ。そうした親の嗜好は、子供たちにも影響を与えないはずがない。ここに次なる問題があった。

当時の上流階級の人たちは、下層階級の娯楽には圧力を加えつつも、自分たちの娯楽はあくまでも守ろうと懸命になっていたといわれる。下層階級の娯楽といえば、牛追い、鶏当て、穴熊掛け、闘鶏……。動物の命をもてあそんで恥じないものだった。今でいえば、動物虐待のオンパレード。「ブラッディ・スポーツ（血なまぐさいスポーツ）」と呼ばれるものだった。

そうしたものには軽蔑を見せながらも、上流階級は自分たちのハンティング、兎追い、キツネ狩り、釣りなどは守ろうとしていた。動物の命をもてあそんでいるところは同じであるにもかかわらずである。

トーマス・アーノルドがラグビー校の校長に赴任してきたとき、一番驚いたのが、こうした貴族の大人の趣味が、彼らの子息たちにも染みついていたことだったという。貴族趣味の若者版ともいうべき伝統がそこにはあったというのだ。貴族の子弟たちも自分の猟犬を飼っていて、兎や雷鳥などを追わせたりしていたし、猟犬レースも行って、それで賭けもしていたのだ。たった半日の休暇のときでも、彼らは校外に飛び出し、田園地帯へと繰り出してそれを楽しむ。この人たちの仕事の邪魔になることもあったし、ほかにも様々に迷惑を掛けることがあった。

アーノルド校長は、こうしたことをやめさせようとした。そのためには、別の楽しみに生徒たちを向かわせなければならない、と考えたのだ。動物の命をもてあそぶことをやめさせ、別のことに彼らの関心を向けさせるのがいい。そのためには学生たちにスポーツを奨励するのが一番いいのではないか。

アーノルドは、純粋にスポーツの良さを信じて、生徒たちにそれを奨励したのではなく、彼らを貴族趣味の嗜好から逸らせるために、スポーツを採用したに過ぎなかったというわけだ。

アーノルド校長がこのようにして、生徒たちの目先を変えさせようと工夫したことが、他者の目には「アーノルドはスポーツにとても熱心な教育者だ」と映り、ピエール・ド・クーベルタンにもまた、同じように映ったに違いなかった。

もともとアーノルド校長自身、スポーツに触れたことがあったとはいっても、徒手体操や槍投げといった個人種目のみ。団体競技、チーム・スポーツには縁のない人だったとか。他の趣味を忘れさせるほどに生徒たちを夢中にさせるには、やはり、チーム・スポーツでなければ駄目で、フットボールやクリケットの類が奨励されたのもそのためだった。

奇妙には聞こえるが、ラグビー校において、生徒たちへの教育の手段として、スポーツの効能を信じてそれを奨励したのは、アーノルド校長よりも、むしろその後に続いた何代かの校長たち、及びアーノルドの弟子たちだったというのは本当らしい。特にスポーツに熱心な校長としてはエドワード・スリングという名前が語られているし、スポーツが精神に与える好刺激を述べて奨励した人としては、何かにつけてアーノルドとは対立したニューマン校長の名が挙げられている。

アーノルドが校長をしていた時代の教師や生徒たちが、のちに学校の校長になったときに、ラグビー校での自分の経験をもとに、スポーツを生徒たちにさせたことが、それの振興に役立ったというのは事実だ。クリフトン校、ヘイリーベリー校、ウェリントン校、エドワード六世校、バーミンガム校など、名の知られたパブリック・スクールがそれらだ。

従って、アーノルド校長のみをスポーツ振興という点でことさらに持ち上げるのは間違いだとの説は成り立つ。しかも、その動機というのが、スポーツが生徒たちの人格の形成に役立つという効能を信じての積極的な理由からというのではなかったことも忘れてはならない。

その意味で、クーベルタン男爵はアーノルド校長を「誤解」していたともいえるが、その校長の的外れな意図が、結果的には、ラグビーなど、この国のチーム・スポーツの発展に大きく貢献しているところは面白い。「血なまぐさいスポーツ」は、思わぬ形で、パブリック・スクールのスポーツ推進の要因になっていたのだ。なお、イギリスにおけるブラッディ・スポーツについては、『近代スポーツの誕生』（松井良明著、講談社）に詳しい。

ラグビー校の風景

専制体験の功罪

ほかにも、イギリスのことについて、クーベルタンが過大に評価したことがある。

上級生が下級生を下男か奴隷のように扱う、パブリック・スクールの伝統についてだ。

例えば、ラグビー校は今でこそ男女共学だが、当時は男子のみ。普通、パブリック・スクールの生徒は、たいてい寄宿舎に入れられ、古典を中心にした学科が教えられた。年齢は一四歳からで、期間は四年。学費は非常に高かったが、少年たちが優遇を受けたかというと話は逆で、食事も決して贅沢なものではなく、すべてに禁欲的であることを貫き、学期中は親にも会えなかった。

学校では、新入生は上級生付きの下男だった。一年経つと、個人の当番はしないでもよくなるが、上級生の気ままな命令には従わなければならない。こうした制度（prefect fagging）は、私たちが考えるよりはるかに厳しいものだったようだ。今でいえば「いじめ問題」として取り上げられるようなことは、至るところにあった。しかし、上級生は絶対君主。おまけに、教師には苦情を提起しないというしきたりがあったから、下級生はどうしようもない。

体力ばかりあって、思いやりのない上級生ときたら、まさに「暴君」そのものだった。そのもとで虐げられる体験も、人間形成には必要との評価もある。教師は何も手助けをしてはくれないと知るところから、人は問題から目をそむけたり、直面することを避けたりすることは許されないと悟るというのだ。いかなる犠牲を払っても、立ち上がるときには立ち上がらねばならないことを習得するのは、そんな経験からだというわけである。

教師も立ち入れない生徒たちの世界。これを、クーベルタンは生徒たちの「自治」（self government）と見た。だからこそ、イギリスでは強い人間が育っていると判断したのだ。

そのような見方はクーベルタンだけではなく、むしろ一般的だったといえるかもしれない。少なくとも、暴君とはどんなものか、暴君のもとにおける下僕とはどんなものなのかを、彼らは身をもって知ったはずであった。それを若くして、体験をもって知ることは、民主主義の味方をする上で必要な、貴重な経験だという考えがあったからだ。

　学校を卒業すると、学生たちは社会へと出ていく。将来は統治者として植民地へ行ったり、あるいはイギリス社会で指導的立場に立つ者たちだ。彼らにそうした経験をさせることは、将来に備える「最も野蛮だが最も手っ取り早い制度」と言えなくもないという考え。これを「自治」と見たクーベルタン男爵は、それに同調することでイギリス教育のよさを「理解した」と考えた一人だったのだ。

第四章　オリンピック復興への目覚め

「より速く、より高く、より強く」

ピエール・ド・クーベルタンの関心は、ラグビー校のみにとどまらなかった。イギリスの他の学校へも、そして、他のスポーツにも向けられていく。

一八八八年までに彼が訪問した学校をみると、ウインチェスター、ウェリントン、マールボロ、チャーターハウス、クーパーズヒル、ウェストミンスター、クライスト・ホスピタル等、パブリック・スクールのほか、オックスフォードやケンブリッジなどの大学も。さらには、その勢いのままに、アメリカやカナダにも足を伸ばしていくことになる。

この経験の中で知ったのが、ラテン語の"Citius, Altius, Fortius"であった。英語でいえば、"Faster, Higher, Stronger"つまり「より速く、より高く、より強く」である。

これはオリンピックのモットーとして、クーベルタンが作ったようにいわれるが、彼の言葉ではなかった。それは、彼の友人だったフランス人聖職者のアンリ・ディドン（Henri-Martin Didon）が、ルアーブルの高等学校で学生たちに伝えた言葉だった。それを記憶していたクーベルタンが、のちに一八九四年になって国際オリンピック委員会を結成した際に、これをオリンピックのモットーとすべきだと提案するのだ。実際に採用されたのは一九二四年のパリ大会からだった。

　ということは、この一八八八年までの時期にすでにクーベルタンの頭の中には、オリンピックのことがあったということなのだろうか。どのように考えていたのか具体的なことはわからないが、少なくともそのイメージが徐々に芽生えていたことはたしかだろう。

　イギリスから帰って、彼はフランスでのスポーツの改革を、手近なところから進めた。彼は自分の考えを周りの教育者や体育関係者に伝え、新聞に記事を書き、本も出した。フランス体育の改革者への道へ、たしかに彼は踏み出したのだ。

　彼はさらに、フランス体育クラブ連合（Union of French Athletic Sports Clubs）という組織も作った。「体育評論」（La Revue Athletique）という月刊誌も刊行し始めた。記事はほとんどが彼自身の記述によるものだった。

　しかし、彼は自分の書く記事が十分に人々の意欲を誘い出すものとなっているかどうかと悩み続けている。多くの人々の関心を引き、皆の情熱をかき立てなければならない。そのためにはどうすればいいのかを、まだわかっていなかった。

　初めはフランス人の体力を向上させるためにと考えた体育だが、皆の関心を引くには、もっと大きな、夢のある話にしなければならないと、彼は思い始めたのではなかったろうか。

　例えば、「古代オリンピック」の復興だ。彼は遅くともこの時期までには、それについて相当の関心を持っていたに違いないのだ。

過去のオリンピックへの関心

そう言いきってしまってもいい根拠となるのが、一八八九年六月十五日の国際スポーツ大会で、クーベルタンがスピーチしたその内容だ。彼はその中で初めて、イギリスのウェンロックという町に「古代オリンピック」の再興を計っているウィリアム・ブルックスという男のいることを紹介したのだ。

ブルックスはそれより二三年も前から、そんな計画をすでに実施していた。ということは、もちろん、それよりはるか前にあった「コッツウォルド・オリンピック」も、クーベルタンは聞き及んでいたことだろうが、それについての言及はなかった。それよりあと、中部イングランドの西、ウェールズにも接しようかというところの牧歌的な片田舎で苦労している男がいることを引き合いに出し、「ウェンロック・オリンピアン・ゲームズ」については語ったという。それは、取りも直さず、クーベルタン自身がそれに深く興味を引かれていたということの証明だった。

「古代オリンピック」に範をとったスポーツ大会を開こうとする試みは、イギリス以外の国でも見られていた。もちろん、本家のギリシャにもその動きは何度かあった。しかし、彼らは経済的に余裕を欠き、とても本格的に再開することは出来そうになかったため、それを見た他の国々が、次々にその試みに名乗り出たというのが実態だ。

刺激となっていたのが、古代ギリシャに興味を抱いたドイツ人学者のヨハン・ヴィンケルマン（一七一七〜一七六八）が行った遺跡の発掘調査だった。ただし、彼らドイツ人たちは、もちろん「古代オリンピック」への関心を深めながらも、それを実際に蘇らせようというところまでは踏み込まなかった。

様々な試み

彼らに代わって「オリンピック」を開催しようとしていたのがスウェーデンで、まず一八三〇年代にルンド大学のグスタフ・ヨハン・シャルトー教授（Gustav Johann Schartau）の提唱で始められた。それは実質的な内容を十分に備えていて、一八三四年七月には、「古代オリンピック大会を記念して」と銘打った「全スカンディナヴィア・スポーツ大会」として、ラムローサで開催された。

競技種目は、レスリング、高跳び、棒高跳び、長距離走、短距離走、綱登り、体操等々。二年後の一八三六年八月には、再びラムローサで、第二回大会が開かれた。その名も「スカンディナヴィア・オリンピック大会」となっていた。スポーツ競技ばかりでなく、作文などのコンテストもあったというから、「古代のオリンピック」の良さを踏襲した趣はたしかにあった。

アメリカでもあったというものについての記録は、ハーバード大学の学長ジョシア・ウイラードへ出された友人からの手紙にあるもので、「オリンピック種目を現実のものとして再生した」ことが述べられ「ギリシャでのやり方に沿って競技が行われたし、練習もギリシャ式になされた」とあるのだそうだ。しかし、フランスのものと同様、詳しいことはわからない。

イギリスでは、先に述べた「コッツウォルド・オリンピック」がまずあって、そのあととなるのが、クーベルタン男爵が一八八九年のスピーチで紹介した「ウェンロック・オリンピアン・ゲームズ」だった。

もちろん、この時点でその二人はまだ出会ってはいないないし、クーベルタンもまだ「オリンピック」という語を自分の考えに含めてはいない。しかし、クーベルタンがイギリスにおけるブルックスの努力を、熱意をもって紹介したということは、自分もまた彼と同じ路線を行こうとしていることを表したことに他ならなかった。

ブルックスもまた、フランスに同調者のいることを知って、うれしかったのだろう。

フランスの新聞記事にあったそのクーベルタンのスピーチを、ウィリアム・ブルックスはさっそく切り抜いて、自分たちの「ウェンロック・オリンピアン協会」の会報に転載した。すると今度は、地方紙の中でも大新聞の一つである『シュルーズベリー・クロニクル』紙が、それを十一月一日付に載せたから、そのニュースはさらに多くの人々に知られるところとなったのだ。

翌一八九〇年五月、ブルックスは自分たちのその大会の挨拶の中で、クーベルタンとの接触について観衆に語りかけ、次のように説明している。彼らはその前から互いに情報を伝えあっていたことが知られる。

「私はこれまで、フランス・スポーツ界の要人でスポーツ協会の事務局長をされている人物と、かなり長い間連絡を取り合ってきました。その人は、私たちの『ウェンロック・オリンピアン・ゲームズ』を見に来たいと言っておられたのですが、フランスの関係者により止められたのだとか。

彼は、イギリスの我々がここで行っている、このスポーツ大会のことをよくご存じです。ぜひ見学したいと言っているのに、頭から拒否されたのはひどいことだと嘆いておられます。彼らが私たちのことを無視するのなら、私たちも彼らのことを無視できるというものであります」

そうは言っても、ブルックスはフランスの動向について無視を決め込んでいたのではなく、クーベルタンからの連絡があれば、情熱をもって応えているのは、このあとに見るとおりだ。

ウェンロックとは

ウィリアム・ペニー・ブルックスという男（写真）が、一八五〇年にウェンロックで始めたというその「オリンピック」とは、どんなものだったのか。それに、ウィリアム・ペニー・ブルックスとは何者だったのか。

クーベルタン男爵が自分の人生の目標を求めていたとき、彼はこの町をわざわざ訪問して実際にその大会を見学することになるのだから、彼が「近代オリンピック」創設への刺激を最も強く受けたのが、この町のウィリアム・ブルックスからだったことは間違いないところだ。

ありがたいことに、この町には今も、それを語り続けるものが多く残されている。「ウェンロック・オリンピアン協会」というしっかりとした組織があって、多くの歴史遺産を大切に保存しているからだ。その中には、クーベルタンからの手紙もある。私がどうしてもそこへ行きたいと思った理由の一つも、彼からの手紙を見たかったからであった。

場所はバーミンガムの近く。テルフォードの駅からだとすぐだ。産業革命発祥の地として知られるアイアンブリッジの隣町という、面白い位置にある。

町の中央に案内所とミュージアムとを兼ねた可愛い建物があり、ここにもこの町の「オリンピアン・ゲームズ」についての展示が多くある。今もオリンピックはこの町の最大の「産業」

でもあるのだ。写真や文献のみならず、実際に使われたスポーツ道具までが展示されていて見飽きない。

そして、最もありがたかったのは、「ウェンロック・オリンピアン協会」の事務所が、そのすぐ近くの、かつての穀物取引所（Corn Exchange）の建物の二階にあることだった。

この協会の文書部長のクリス・キャノン氏とPR係のマック・バレルズリー氏に、私はその町について、そして、ここのオリンピックについて、詳しく教えてもらうことになった。

この二人に私がどれだけ恩恵を受けたかは、一口には言えない。ここで行われたオリンピックの歴史はもちろん、町の案内から歴史遺産の解説まで一切を引き受けてくれたのだから。

「正確には、『マッチ・ウェンロック』というのが正確な町の名なのですよ」というのが、キャノン氏の最初の言葉だった。

ウィリアム・ブルックス

なんでも、近くに「リトル・ウェンロック」という町があることから、それと区別するために「マッチ」（Much）が付けられたとのこと。ただし、本書では両者を区別する必要には迫られていないから、それを省いて「ウェンロック」だけで済ませる場合があることをご了承いただきたい。

ただ今の人口は約二千六百。記録によれば、一八二一年の時点で二千二百だったとのことだから、昔からあまり変わっていないことになる。

ウィリアム・ブルックス

「ウェンロック・オリンピアン・ゲームズ」の創始者、ウィリアム・ブルックスとはどんな人物だったのか。

「一八〇九年、彼は外科医の長男として、ここマッチ・ウェンロックに生まれました。弟二人も医師になっています。父親は面倒見のいい人で、貧しい人たちの味方としても皆に慕われたといわれますが、その性格は、そのままこの長男にも受け継がれていたようなんですね。一五歳のころから父の往診に付いていった先々で、彼は地方に住む農村労働者の生活の実態をつぶさに見たことが、彼の考えの原点になっていたといわれています」

父の時代には、同じこのシュロップシア郡には、かの進化論の提唱者チャールズ・ダーウィンの父も医師として住んでいたとか。これは少々注目すべきことだったかもしれない。チャールズ・ダーウィンに影響を与えたに違いない社会的な格差が、ウィリアム・ブルックスの意識にもあったに違いないからだ。彼の始めた「ウェンロック・オリンピアン・ゲームズ」の目的というのが、労働者たちの健康を増進させ、楽しい生活を送らせる環境作りだったと聞けば、ダーウィンの適者生存説を正面から受けての対応だったということにもなりそうだ

マッチ・ウェンロックの町角

「ウィリアム・ブルックスも若いころにロンドンに出て、医学の修業をした人でした。当時は新しい産業技術が次々に生まれていた時代でしたが、各地で肺の病が蔓延していたのですね。労働者の多くは狭くて不健康的な仕事場で働いていました。汚れた空気を吸ってでも、仕事に明け暮れている人もいたわけです。食事の改善の次に必要なのは、健康的な運動であることは明白でした。

彼はそれを何とかしようとしたわけです。ロンドンでの医学の勉強では飽き足らず、フランスのパリへ行って法律を学び、治安判事の資格も獲得したり、イタリアのパドヴァでさらに医学の研鑽に励んだりしました。彼が古代ギリシャのオリンピックに興味を持ったのも、この学生時代のことだったといわれ

ます。彼の考えでは、『地上に出現した人類のうちで最も高い文明を持っていたのは古代ギリシャ人だ』ということになっていたらしいのです。

一八三一年、故郷に帰ってきた彼は、ここで治安判事も務め、終生、社会の改革に尽力するわけです。彼の関心は広く社会一般にわたっていて、道路、商品取引、さらにはガスの供給設備から鉄道にまで及んでいます」

ブルックスの家

文書部長のクリス・キャノン氏とPR係のマック・バレルズリー氏は、私をウィリアム・ブルックスの家（写真）にまで連れていってくれた。それは彼の業績を讃える顕彰碑のあるホーリイ・トリニティ教会（Holy Trinity Church）のすぐ前の位置にあって、今は誰も住んではいない。しかし、かつて彼はここで医業を営んでいたのであり、のちには「近代オリンピックの父」と呼ばれるピエール・ド・クーベルタン男爵も訪れた家だった。

「農村読書会」

クリス・キャノン氏の話の中で印象的だったのは、ブルックス自身は最初から大きなスポーツ大会を開こうとはしていなかったということだ。彼がしようとしていたのは、もっと地味な室内活動だった。クーベルタン男爵に大きなヒントを与えるような、「古代オリンピック」の再興などとは違ったものだったという。

かつての穀物取引所

「彼がしようとしていたのは、この町の図書館活動だったのです。農業に関する本を集め、貸し出しを可能にして、農民たちの知識を増進させるのが最初の狙いでした。それがどうして『オリンピアン・ゲームズ』などというものに発展したのか……。そうですね。それが最も重要なポイントですね。

そのことについては、私どもの協会事務所でお話ししましょう。彼の作った『農村読書会』（Agricultural

Reading Society）というものの会場が、そこだったのですから」

クリス・キャノン氏はそう言うと、先頭に立って、もとの案内所の角を曲がってハイ・ストリートへと歩を進めた。歩いてもさほどの距離もない。かつての穀物取引所（写真）は、アーチ型の支柱を持つ、なかなか優雅な石造りである。これもブルックス自身が働きかけてできたものとかで、一階は取引所らしくガランとしているが、二階の雰囲気はまったく違った。堂々たる重厚さを見せ、落ちついた図書館としての雰囲気を今も残している。

高い天井に、どっしりした戸棚。時代がかった展示物に溢れる部屋の中で、クリス・キャノン氏は続けた。

「当時、農民の生活は不安定で、誰もが苦しんでいたのですね。大麦の価格をめぐって、たびたび暴動が起こった。小麦も外国産のものとの競争がある。その中で生き抜くには、農業に関する最新の知識がどうしても必要でした。それで彼は一八四一年に『農村読書会』なるものをスタートさせたわけです。

初めは、当然ながら、農業についての本ばかりを集めていたらしいのですが、次第にもっと広い知識が必要だということになったのですね。農民は不健康な環境で長時間働いている。収入を上げることも考えねばならないが、病気の発生も阻止しなければならない。娯楽も必要だし、気晴らしだって要ります。

時季折々のフェアや品評会の折などに、人々が集まって楽しむことも、もちろんありました。しかし、男はたいてい酒に酔いつぶれてしまい、挙げ句の果てには、喧嘩になる始末で、集会は日常生活にとって役立つどころか、かえって害にさえなっていたといわれます。

ブルックスの頭の中に常にあったのは、どうすればこうした人々を啓蒙できるかということでした。知識の至らない者に、どうしてそんな生活を改めさせるかということだったのですね。

ブルックス自身、歴史や地質学、それに植物学などにも造詣が深かっただけに、彼の目指すところは多岐にわたっていました。農業に関する知識だけでなく、全般的な教養。それに音楽、美術、歴史学などへの関心を深めたいと考えたわけです。

ブルックスがいかに本気でそれに取りかかっていたかは、今も残る書籍の数と質に明らかです。彼は王室に手紙を書いただけでなく、各界の名士にも協力を求めたといいます。桂冠詩人アルフレッド・テニソンにまで連絡したというのですから、大変な熱意です。それに、皆が応えてくれて、本は一杯になったし、『農村読書会』の中に、さまざまな種類のクラスができたのです」

彼らの関心が農業だけにとどまらず、芸術、教養の分野へも広がったことで、それまでは参加していなかった人たちも、会に加わるようになった。弁護士、銀行家、牧師、豪農といった人たちだ。

蔵書の数は、一八四九年の時点で、一〇八四冊にのぼった。それを並べ置くために、ブルックスは一時自宅の隣の家を借りたという。

これらの書籍は、今はすべてその協会の特別室に収納されている。私がクリス・キャノン氏に案内してもらって、クーベルタン男爵からの手紙を保管している部屋へ行ったときにも、それらはそこの棚にもずらりと並べられていた（写真）。ほとんどが革張りの稀覯本だった。

こうしてウィリアム・ブルックスが町の人々の啓蒙に情熱を燃やしているうちに、彼は体育の必要を痛感するようになったらしい。知識を得るだけではいけない。実際に身体を動かし、さらには全人格的な成長へと向かわせる生活を目指そうということになったというのだ。その具体的な動きが、分科会となって表れる。

「オリンピアン・クラス」

一八五〇年二月、ブルックスは「農村読書会」に「オリンピアン・クラス」（The Olympian Class）という一つの分科会を作った。その目的は、ウェンロックおよび近隣の人々の知育、体育、徳育の向上だった。あのラグビー校の校長たちが唱えていたことと一致している。

それは特に労働階級の人たちや若者たちを対象としたもので、スポーツを勧め、健全娯楽を楽しむ機会と場所を提供しようというものだった。堅苦しいことばかりでは人は集まらない。知性を磨くと共に、心身を楽しませるものでなければならない、という構想は、実は二五歳のころからブルックスにはすでにあったのだという。

一八三四年八月の時点で皆に参加を呼びかけたチラシが、今も残されていた。古語で書かれてはいるものの、読めないことはない。大きな文字だけでも拾ってみよう。

NOTIS
GIMNASTIK
XERCISEZ,
HOLIMPYYC
GAYMES

何やら暗号めいて見えるが、よく見ると、これは今の英語で書けば、こうなるだろうとの判読が可能だ。すでに「オ

後ろの棚の中にあるのが、ブルックスの集めた本

リンピック」の語が使われていることに注目したい。

NOTICE　（お知らせ
GYMNASTIC　体育の
EXERCISES,　訓練で
OLYMPIC　オリンピック
GAMES　競技です）

多彩な種目

「スポーツといっても、それまでのところは、この町には釣りか射撃、あとはハンティングかゴルフといったものしかなかったのですが、ブルックスがそんなイベントを計画してくれたお陰で、それはこの一帯きっての大きな競技会となっていったのですね。人々も大喜び。ウェンロックの大会では、各競技の成績優秀者にはご褒美の賞があるというのもよかった。人々の参加を促し、積極性を生み出させようとしたブルックスの狙いは見事当たったのです」

クリス・キャノン氏によれば、その賞というのが、かなり価値のある商品だったことや、時には現金そのものだったこともあるという。大会運営のために、彼は一般から寄付を募っていたから、そこには地元還元という意味もあったらしい。

となると、ブルックスは、いわゆるアマチュア性には特にこだわってはいなかったといえそうだ。その点が、のちに出現するフランスのピエール・ド・クーベルタン男爵とは違っているところだろう。

このようにして盛り上げられた「ウェンロック・オリンピアン・ゲームズ」というのは、どのように運営されたのか。記録によって、それを振り返ってみよう。

その最初は、一八五〇年十月の二十二日と二十三日の二日間にわたって行われている。初め会場は、昔からある町の競馬場だった。

参加者や見物人たちは、町の中心からそこまでパレードして行った。

競技種目は、跳んだり走ったりのほか、クリケットやフットボール（サッカー）もあった。中世の騎士たちの姿を再現して行われる競技もあったし、ブタ追いや手押し一輪車競走などという農村らしいゲームもあった。

賞金のことをいえば、クリケットの勝者に二二シリング、最多得点を叩き出した選手には五シリングが授与されている。フットボールでは、最初に三つのゴールを決めたチームに、一ポンドが与えられた。

競技種目の中で最も人気が高かったのが、騎乗槍競技のティルティング（Tilting at the Ring）だった。槍試合といっても、競技者同士が戦い合うのではない。ゲートのように建てられた枠から吊るされた鉄の輪に、槍の先を突き刺すのである。馬術と精神力の両方に卓越してこそできる技だった。

写真で見ると、その鉄の輪は直径が五センチ位のもので、極めて小さい。馬に乗ってゲートを全速力でくぐり抜けていく騎手が、長い槍の先端にその輪を通すのだから、容易な話ではなさそう。一人三回の試技がなされ、成功回数の多い者が勝ちとなった。

古くから伝わる武芸の一つで、観衆からの声援も多く、これが「ウェンロック・オリンピアン・ゲームズ」の象徴的な競技とされることになったと聞いた。

ティルティング

二種類の競技者

大会全体は、極めて近代的な統制のもとで行われていることがわかる。

徒歩競走では年齢差による区別が明確になされているし、団体競技については、パブリック・

スクールでのやり方や精神が、そのまま採用されているからだ。

大会が円滑になされたのは、多く集った寄付金によるところが大きかった。同様の協力が続く限り、大会は毎年行われても一向に差し支えのないことが明らかになり、ウィリアム・ブルックスたちが、初年から早くもその将来に自信を得たのも当然だった。

一八五一年からはアーチェリーやハードル走も種目に加えられ、フットボールも各チーム一五人の布陣となった。また、老齢の女性たちのみの競走や、一〇歳以下の子供たちのレースも追加された。

一八五二年の大会が一日だけとなったり、五四年からは会場を町の北東の牧場へと変更されるなど、大会は年を追って変貌していく。

五四年から追加となった手押し車の目隠しレースや、五六年からのズダ袋レース、棒登り、ロバ・レース、綱引き等々は、これより前に始まっていた「コッツウォルド・オリンピック」からの踏襲だったかもしれない。

「競技者といっても、そこには二種類あったといえます」という興味深い意見も、キャノン氏のものだった。

「注目すべきは、騎乗槍試合と五種競技の種目の勝者です。彼らは賞金や賞品を受け取っていません。物質的な報いを求めてはいなかったという意味からでしょうか。せっかく賞金が用意されていたというのに、彼らはただ勝者の証明であるメダルを受け取るのみでした。

同じ馬に乗っての競走でも、ポニー競走では、メダルのほかに五ポンドが与えられ、皆が受け取っていますがね。ですから、競技者には名誉のみを得たい者と、金銭を得るために参加した者との二種類があったといえると思うのですよ。プロとアマチュアとの違いという以前の、スポーツを何ととらえているかの違いによるものだったと言えましょうか。ここの『オリンピアン・ゲームズ』では、それらが共存していたのです」

高まる人気

競技種目にも二種類があった。

地元民のみの参加としたものと、外来者でも加われる種目に分かれていたからだ。

すでに述べたとおり、ブルックスは最初この大会を、地元の、それも労働者たちのためのものと考えていた。しかし、年々人気の高まりがあって見物人も増え、皆の興奮の度合いも大きくなると、参加者を地元と近隣の者のみとすることには無理があることがわかってきた。そこで彼らは、手始めに、大会種目中の一マイルのハードル競走の参加者を、イングランド全域に広げて求めることに決めている。

賞金は五ポンド。条件として、このレースに参加する者は、他のどのレースにも出ることは出来ないということだけだった。このレースがあるということで、大会の人気はさらに高まったとされる。

これとは別に、参加者をウェンロックの中心から一〇マイル以内に住む者と限った半マイルのレースもあった。こちらの賞金は二ポンド。子供たちには、本が賞品になっていた。キャノン氏は話を続ける。

「子供たちへの配慮ということでいえば、ブルックスは初めから知育も眼目に入れていましたから、特に手厚いところがありました。一四歳以下の男子学童には数学や作文のコンテストがあり、のちには詩歌の朗読、聖書研究、英国の歴史のほか、絵画や音楽でも競い合いがあった。同年齢の女子についてはどうだったかというと、裁縫の速さや上手さを競ったり、編み物などのコンテストがあり、勝者には書物、二位にはキャラコ綿布が贈られています。

表彰の式典では、地域出身の名士がプレゼンターを務め、これも大会への関心を高める一助となっていますね。式典に限らず、音楽隊による演奏が朝から雰囲気を高めています。開会式前のパレードが盛大だったというのも、こうしたパレードに参加しなかった者は、競技には出られないという場合もあったからではないでしょうか」

それで、思い出した。

かつて私はフランスのトリコという村にのみ残る中世からの球技「ラ・スール(またはシュール)」というゲームを見たことがある。「すべてのボール・ゲームの母」とされるものだ。このときにも、朝から音楽隊が町を練って、雰囲気を高めていたことを思い出す。どこであっても、昔はこうしたやり方が通例だったものと思われる。子供も大人もそのあとを付いて歩き、その長い行列が大会会場へと進む情景は、たしかに興奮を高めるものであった。

こうした大会の話も、ブルックスはクーベルタンに伝えていたのだろうか。人々の暮らしを改良し、生活を豊かに健康的にしようというのが目的ならば、小さな場所にこだわっていては到底達成できるものではないことは、もちろん彼にも明らかだったろう。フランスから関心を示してくれるクーベルタンと連絡をとり続けていたのもそのためだろうし、クーベルタンにとっても興味のない話ではなかったはずだ。

ただ、いずれは出会って意気投合する二人だが、より大きな視野に立つまでは、まだまだ彼らの出会う機会が熟すことはなかった。

第五章　ブルックスの大望

「リンデン・フィールド」

クリス・キャノン氏の話を続ければ、ウェンロックの大会は、一八五八年から会場を移して行われることになったのだとのこと。

そこから、クーベルタン男爵との接点が生まれたという。つまり、会場を代えたことで、大会は一層発展したものらしい。

何が幸いしたのか。発展の要因は何だったのか。

「会場というのが、それまでの競馬場から、町の北にある風車の丘の麓《ふもと》へと変わったのですよ。都合よくそこへ鉄道が来て、駅ができたのですね。競技場は「『リンデン・フィールド』というのですがね、今でもそれはありますよ。風車小屋の塔のある丘の麓ですから、すぐにわかりますよ」

夕刻ではあったけれど、そう聞くとどうしても行ってみたくなる。夕暮れを気にしつつも、いわれたとおりの方向へ歩を進めれば、道はゆるやかに曲がって、亭々たる大樹の立ち並ぶ一帯にやって来た。なるほど、遥か向こうに高い丘が見え、風車小屋らしきものの円筒形の残骸がある。その手前にある緑のフィールドが、「リンデン・フィールド」なのだろう。

ちょうど行き交った婦人に聞いてわかったのだが、そのすぐ手前にあるのが当時の鉄道駅舎だった。鉄道そのものが廃止されてしまってからは、一般の民家になってしまっているというが、こんなにフィールドに近いところに駅があったとなると、この町の「オリンピック」に多くの人が押し寄せたという話にも納得がいく。駅舎を出ると、すぐに競技会場への入り口があって、高い木々と深い緑の芝が待ち受けているのだ。

来てみると、風車の丘というのはさらに奥にある巨大な草地だとわかる。丘の頂上にはたしかに塔がある。しかし、その上で舞っていたはずの風車の羽根は、今はもうない。

その手前、「リンデン・フィールド」の芝地の一部にはクリケット場があり、囲いの付いたテニス場もあった。その向こうにあるのが、ウィリアム・ペニー・ブルックスの名前を冠した総合中等学校で、校舎に続いて、ここにもフットボールやホッケーのグラウンド何面かが広

リンデン・フィールドにある
記念モニュメント

がっている。

「何と贅沢な空間なのか」

芝地中央のクリケット場では、ゲームの準備をする人たちの姿があった。ただ、周囲はすべて緑に呑み込まれていて、人の声もまた遠い夢の世界のものと聞こえる。

スポーツ熱を煽った鉄道

さて、鉄道とスポーツとの関係は、私たちが考えるより、当時はもっと重要だったといえるだろう。

会場に至近のところに鉄道の駅舎（写真）を持った大会は、すでに成功への基本条件を備えていたということになる。しかし、この町の場合、「なんとも都合よく鉄道が整備されたものだ」などと感心されることはない。なぜなら、その鉄道まで用意したのがウィリアム・ブルックス自身だったのだから。

鉄道の名は「ウェンロック・セバーン・ジャンクション鉄道」というものだったらしい。ウィリアム・ブルックスが弟のアンドルーと共同して作った会社だった。

一八六〇年の大会開催の当日を、鉄道の完成予定日にしていたというが、実際には、この日までには仕上がっていなかった。しかし、彼らはあえて特別に、この日に走らせているのだ。

記録によれば、競技者や観客を乗せた最初の汽車がここに着いたときには、若者たちの音楽隊がプラットフォーム沿いに整列して彼らを迎え、会場まで先導したという。

このあとも、産業革命の時代を受けて、この鉄道は大きな働きを見せることになる。そのあたりの事情については、そののち一八九五年十二月に『ウェリントン・ジャーナル』に書かれているところがあるので、それを引用したい。

かつての鉄道駅舎

「鉄道ブームに沸いた時代、ウィリアム・ブルックスもその熱気に心の底から煽られていたのだろう。各地に鉄道線路が敷かれてくると、彼もじっとしてなんかいられなかった。

路線は次から次へと生まれた。投機的なものもあったし、本気のものもあった。ブルックス氏は最初、自分では鉄道を作ろうとはせず、鉄道会社を訪れてはウェンロック方面にも路線を向けてほしいと懇願したのだった。しかし、それは無理とわかった。ここの丘の険しい勾配と急な曲線を目にしては、どんなに肝っ玉の太い者でも、恐れをなして手を引っ込めたからだ。

鉄道計画と聞いただけで、すぐに反対をした会社さえあった。

しかし、驚くなかれ、彼の鉄道は成功した。それまで孤立していたウェンロックの町を、近隣の町々だけでなく大都市バーミンガムとも結ぶことにしたからだ。

今、この鉄道に乗って旅をする人は、ウェンロック駅の美しさに驚き、珍しい花々をつける植物をみると、決まって一つの問いを出す。『誰がこんなに美しいものを作ったのか』と。

答えもまた決まっている。『ドクター・ウィリアム・ブルックスだ』と」

他の町にも呼びかける

一八六〇年のこの大会は、彼らを更に大きく飛翔させた。母体だった「農村読書会」から独立して「オリンピアン・クラス」と名乗っていた彼らは、この年から新たに「ウェンロック・オリンピアン協会」（The Wenlock Olympian Society）という名称を持ち、競技会も、「ウェンロック・オリンピアン・ゲームズ」と呼ばれるものとなったからだ。いや、話はそれだけではない。

開催地をローテーションさせることで、毎年、違った町で大会が行われるように変える計画が発表されたのも、この年のことだった。

一八六〇年五月、ブルックスはシュロップシア郡の他の町の首長たちに打診の手紙を送った。彼のいう「オリンピック・ゲームズ」への参加を呼びかけたのだ。鉄道の開通が、その決断のもとにあったことはいうまでもない。

参加の呼びかけに、いくつかの町が応じてきた。近隣のレッキイン・ヒル、ウェリントン、ブリッグノース、オズウェストリーといった町々である。持ち回りでの開催が可能となれば、ウェンロックとしては楽である。毎年どこかでやれる見通しはあった。早速、次の一八六一年の大会から会場が持ち回りになることとされ、もし決まらない場合はウェンロックにすることが了承された。

これらウェンロック以外の町での大会は、それまでのものとは区別する意味で、郡の名をとって「シュロップシアン・オリンピアン・ゲームズ」と呼ばれることがある。ときには、開催されるそれぞれの町の名で呼ばれることもあるが、本質的にはウェンロックのゲームが場所を移動させて実施されたものと考えられるべきで、違った精神のものと受け取ってはいけない。いずれはまたウェンロックに戻ってくるものでもあった。

当時このことに大きな意味を見出した者はあまりいなかったのだが、現在のオリンピック大会が毎回主催地を移動させているという事実を見たとき、これはその実験例の最初として、意義は決して小さくはなかったと思う。こんなことはあの先例の「コッツウォルド・オリンピック」では起こっていなかった。

文化面を含めた総合的な大会

一八六一年の大会は、ウェンロックの北に位置するウェリントンの町が会場となった。五月、大会には鉄道が大きな働きを見せた。会場を訪れた人の数が一万四千を超えたのだ。それまでは考えられもしなかった数の人たちが郡部からやって来たのだった。

ウェリントンでの大会が多くの人々を誘い出したのは、鉄道の影響だけではなかった。その競技会が、スポーツのみに限らず、芸術・文化の面も含めた総合的な活動を、特に積極的に打ち出していたこととの結果ともいえた。

詩歌、絵画、裁縫、編み物、数学、歴史の競い合いに、彼らは新鮮な興味を持った。裁縫での優勝者には裁縫箱が、また歴史の勝者には書き物机が与えられ、喜ばれている。

これは、それまでこの町で催されていたどの競技会とも、まったく違うものだった。従来のその町のイベントといえば、一八インチの水深の水にいるウナギを口にくわえてくる競技など、野蛮さを売り物にした大会で、そこに人間の尊厳があったのかは疑問である。それに比べ、「今度のオリンピック競技とやらは、よほどまともだ」との評判がもっぱら。運動・文化の両面での人間性尊重の精神に賛同の声が上がっている。

これに続く一八六二年、六三年の大会は、ウェンロックに戻って行われ、その次にはシュルーズベリーの町で催された。
そこでは、水泳や漕艇などの川での競技も加わり、レスリングなども始まっている。これを機会として生まれた「シュルーズベリー・オリンピアン協会」では、パンフレットを発行して、その精神を世に伝えた。聖職者、教師、法律家、歴史家たちが賛同の意見を述べている中に、ジャスティス・ベイルという人が述べた言葉にこうある。

「どの町であろうと、若者たちに屋外での運動とレクリエーションを奨励し、その手助けをするほど有意義なことはない。それは彼らの体格を向上させ、健康を築き、気迫を充実させ、元気を燃え立たせるからだ。国全体がそれを期待している」

ウィリアム・ブルックスの言葉も記すなら、彼は大会の発展の意味をこのように説明しているのであった。

「例えば、ここに、珍種の植物があったとしよう。そして、その種子がたった一粒でもあったとしよう。それを蒔《ま》けば、どうなるか。
たとえ、その場所というのが、もうこれ以上に寂しいところはないというような片田舎であっても、土壌がよく、他の条件も生育に合っていたとしたら、それはきっと芽を出し、成長する。そして、それはさらに種子を持つのだ。そうしていくうちに、やがてその植物は、その土地全土に行きわたっていくに違いない」

この時期には、もうフランスでは、やがてはその種子を受け取るべきクーベルタンが、男爵として生を受け、「近代オリンピック」の方向へと徐々に進みつつあったことを思うと、この文は一層大きな意味をもってくる。実際には、この二人は五四歳も年齢が離れていたし、それもフランスとイギリスと国を分けてのこと、両者が出会ってさらなる前進の機会を作るまでには、まだ相当の時間が必要だったのも無理はない。

アマ・プロ問題

ブルックスが仕切っていた大会で、この時点で改めて問題となっていたのが、アマチュアとプロ選手とをどう区別するかということだった。それは以前からさまざまな議論を生んでいたが、いよいよ差し迫った論議の的となったのだ。

好成績だった者に対する賞として、授与されるのがメダルにすべきか、現金なのかである。

一八六四年クォーリーという町での大会では、与えられたのは現金のみだった。主催者側が言い分としたのは、「労働者階級の者にメダルを与えても、それは意味をなさない」ということだった。彼らが必要としているのは金であることがはっきりしていたからだ。

しかし、より高い経済状況にいる人たちが現実に多くいることも事実だった。だからこそ、大会ではメダルだけを求める者と、金を望む者とを分けて参加させることにしたのだ。それは、プロの参加を認める種目と、認めない種目とに分けて考えることに連なった。

ただし、同じアマチュアでも、その中にさえ格差は存在していた。名門のパブリック・スクールやオックスフォード、ケンブリッジなどの学生の中には、特権階級に属する者が多くいる。彼らは熱心に練習をするわけでもなく、試合においてもあえて強烈に勝利を求めることをしない場合がある。力を抜いて、勝利への無頓着を装うのがスタイルとなっているときさえあった。

一方、社会階級的に見て彼らの下にあるとされるオフィス・ワーカーたち、店員、事務員たちは、スポーツをとても真面目にとらえていて、勝敗に厳しく向き合っていた。スポーツごとで金を稼いでいるのではないという点では、彼らももちろんアマチュアだったが、賞金を受け取るのには何の躊躇もなかった。

ブルックスが何よりも気にしていたのは、勝負に挑む精神のことだった。競技者が互いに真剣に戦い合うのをやめてしまうことは、国民の体力が衰えることにもつながり、国としての活力を失うことを心配したのだ。国としての活力は、国民の基礎体力に負うところが大きい。そのためにこそ、小学生のころから体育の必要があると彼は信じていたのだ。ブルックスはこのあとも、生涯を通じて子供の体育の必要を主張し続けるのだが、その表れの一つがここにある。

一八六八年の大会から再び元の町に戻った「ウェンロック・オリンピアン・ゲームズ」に、五種競技（pentathlon）が加えられた。これはアマチュア・スポーツの象徴とされる競技だったが、とても厳しいもので、賞金も多額である。

五種競技といえば、古代の大会にもあったものだから、ブルックスはこれをもってかつてのギリシャのオリンピック大会への回帰をさらに強調しようとしたとも言えそうだが、種目は同じというわけにはいかなかった。古代での五種は、徒歩競走、跳躍、円盤投げ、槍投げ、レスリングだったのに対し、ここウェンロックでは五五フィート綱登り、走り幅跳び、走り高跳び、砲丸投げ、半マイル徒歩競走だったからだ。

これらの勝者に与えられるメダルも、わざわざギリシャ神話にこだわって、勝利の女神ナイキ（Nike、ニーケーとも呼ばれる）を表したものが造られている。そういえば、二〇一六年のリオ・オリンピックのメダルの片面にある姿も、この女神だった。

このようにして、「ウェンロック・オリンピアン・ゲームズ」に新たに加えられた五種競技という種目は、古代を思い起こさせる一面はあったものの、以前からくすぶっているプロ・アマ問題をさらに表面化させることにもなった。参加を申し出てきた者の多くが賞金目当てのプロたちだったのだ。

アマチュア・スポーツの象徴とされるゲームに、プロが参加して多額の賞金と賞品をかっさらってしまうとなっては、元も子もない。そのため、一八七〇年代に入ってからは、「ウェンロック・オリンピアン・ゲームズ」では、アマチュア選手も出ている競技でのプロ・アスリートの参加を断るという動きを生む。ウィリアム・ブルックスは不遇なアマチュアのスポーツマンたちを、何とか経済的に守ってやろうとしたのだろう。

産業革命

経済のことになると、やはり言っておかねばならないのは産業革命のことだ。「ウェンロック・オリンピアン・ゲームズ」が産業革命とどんな関係があるのだと言われそうだが、その関連は予想されるよりは深いかもしれない。大会を考案したブルックスのような人がこの町にいたことこそが、第一の要因だったとはいっても、それが社会的に発展していった背景には、産業革命というものがあったことは否定できない。

このウェンロックからわずかに六マイルの、すぐ隣にある町というのが、「産業革命発祥地」と呼ばれるアイアンブリッジだったことに注目せねばならない。「アイアンブリッジ」とは、「鉄の橋」を意味するが、まさにここは世界で初めての鉄橋が敷かれた町として、町名をズバリ「鉄橋」そのものとしているのだった（次頁写真）。

時代といい、場所といい、産業革命の熱気があってこそ、その一帯のオリンピック活動があったと見ていいのではないか。文書部長のクリス・キャノン氏の話でも、「ウェンロックは、ア

アイアンブリッジの町。
最古の鉄橋の中央から見たところ

イアンブリッジの町とも関係が深かったですからね。産業的にも持ちつ持たれつで……」ということだったから、その意味を突き止めてみるべく、少々歴史を辿ってみた。すると、二つの町はただ距離が近いというだけではなく、産業による関係も深いことがわかった。

もともとは、ブリストルの町で鋳物製造をしていたエイブラハム・ダービー（Abraham Darby）という男が、十八世紀初頭にここセバーン峡谷へやって来て製鉄に係わったのが始まりである。この一帯には、深い森があり、航行可能な川があった。当時のエネルギー源ともいえる木炭と水に恵まれていたのであった。

製鉄は、鉄鉱石から余計なものを取り除いて、鉄を取り出す作業に始まる。それには鉄鉱石を高温で長時間熱する必要があったが、炉をもって製鉄を行うには、木炭の消費は絶大。森林資源の枯渇が目に見えていた。彼も木炭に代わる石炭による製鉄へと向かうことになったが、ここにも問題があった。

石炭は、木炭と違って、硫黄を含む。硫黄は鉄を弱くするから、これは除かねばならない。それならばコークスにして用いる方が、効率がいいとエイブラハム・ダービーが気づいたのは、一七〇九年のことだった。コークスというのは、石炭を蒸し焼きにして作られる。これを鉄鉱石と炉の中で一緒に燃やすと、不純物が取り除かれるのであった。

ここにもう一つ重要なことがあった。そこに石灰岩を加えると、効率はさらによくなったことだ。それは不純物と結合して硫黄を浮かせてくれ、除去しやすくしてくれるのだ。鉄鉱石が最も重要だったのはいうまでもないが、石灰岩もまた必要だったのである。

ウェンロックにとって幸運だったのは、その石灰岩が、町には豊富にあったということだ。約四億年の昔、ここは海底であって、珊瑚の宝庫だったことの名残りだ。今もウェンロック・エッジと呼ばれている急な断崖が、往時を偲ばせるものとして残っている。

エイブラハム・ダービーはここでの石灰岩の発見に快哉を叫んで、せっせと鉄の精錬を行ったというわけだ。当然、新しい仕事が生まれ、人口も増した。それは一八〇一年からの三十年間で二二%も増加。運搬に便利なところの石がなくなると、作業所は他の場所へと移され広がった。一八六二年には「ウェンロック・ブランチ・ライン」という鉄道が町の南西部にも延び、ますます産業は成長したのであった。

炉を長時間高温に保つには、強力な送風装置が要る。そこで、「ふいご」の代わりに「送風シリンダー」を考案したのも、エイブラハム・ダービーだった。その息子のエイブラハム・ダービー二世が、蒸気機関を利用してさらに成功。飛躍的に製鉄業を発展させた。森林と水流のないところでも製鉄が可能であることを証明したのも大きかった。

製鉄から蒸気機関の発達で、橋の建設、車輪やレールの製造、機関車、汽船、高層ビル……と続く時代が始まった。今も残るこのアイアンブリッジ町の「世界最古の鉄橋」は、父二世のあとを引き受けたエイブラハム・ダービー三世が、一七七九年に完成させたものだ。

この橋の向こう側にあったという最初の鉄管の工場では、造っても造っても需要を満たしきれなかったという話が残っている。鉄管一つをとっても、それがない時代からみれば、まさに天地の違いを生むものだったに違いない。

産業革命はその後の人々の生活を根本から変えた。

新しい社会層も発生させた。労働条件の基本的な形にも影響を与えている。過酷な労働環境からの改善が問題となり、人間性の回復が叫ばれた。余暇の必要、気晴らしの欲求……。スポーツ（sport）の原義は「気晴らし」なのだ。それと産業との関係は切っても切れない。ブルックスの活躍は、まさに産業革命の進展と歩みを共にしているだけに、スポーツとの関係を考える格好のきっかけを与えてくれるものだった。

もちろん、そんなことを考えずとも、観光の場所として、こんなに楽しいところも滅多にない。ミュージアムだけでも数カ所。特に、昔の生活をそのままに見せてくれる野外博物館「ブリッツ・ヒル・オープン・ミュージアム」はお勧めだ。

自転車競技も

これもまた、産業革命の影響といえるのだろうか。

自転車競技も、「ウェンロック・オリンピアン・ゲームズ」の種目として、一八七六年から加わっている。

自転車といっても、現在街でよく見かけるものや、競輪選手の使うようなものを想像してはいけない。前輪が大きく、後輪が極端に小さなものだ。自転車は、それまでにも木造のものを含めて、造られてはいた。しかし、一八七〇年、ジェイムズ・スターレー（James Starley）がウィリアム・ヒルマン（William Hilman）と一緒に、鉄製の新しい自転車を造って大人気を得た。それは「エリエール」と名付けられたもので、その後二十年にわたって業界に君臨することになる。

スターレーは鉄道のブレーキに関して創造的な仕事をしたし、ローラー・スケートを発明した男でもあった。そうした鉄の車輪に係わった彼の経験から「エリエール」自転車が出現していたとなると、やはりそれも産業革命の申し子の一つということになるだろう。

「エリエール」自転車での競走は、最初の一八七六年の大会では、三マイル・レースのみだった。場所はもちろん「リンデン・フィールド」。参加者は四人に過ぎなかったが、観客からの

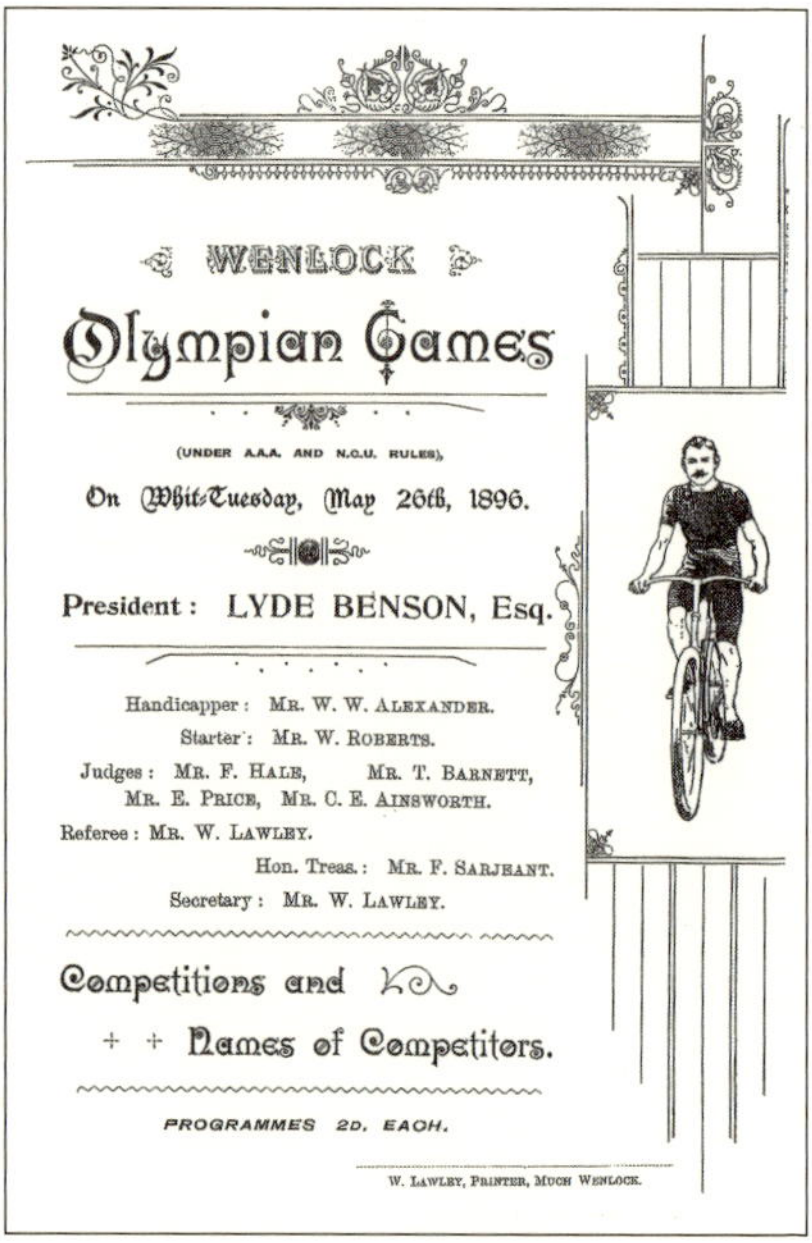
WENLOCK

Olympian Games

(UNDER A.A.A. AND N.C.U. RULES),

On Whit-Tuesday, May 26th, 1896.

President: LYDE BENSON, Esq.

Handicapper: MR. W. W. ALEXANDER.
Starter: MR. W. ROBERTS.
Judges: MR. F. HALE, MR. T. BARNETT, MR. E. PRICE, MR. C. E. AINSWORTH.
Referee: MR. W. LAWLEY.
Hon. Treas.: MR. F. SARJEANT.
Secretary: MR. W. LAWLEY.

Competitions and

+ + Names of Competitors.

PROGRAMMES 2D. EACH.

W. LAWLEY, PRINTER, MUCH WENLOCK.

パンフレットの表紙

評判は上々で、翌年からは三種に増やされている。半マイル・レース、一マイル・レース、三マイル・レースであった。

　これに乗って走るのが得意だった人もいるようで、ウェンロックのトーマス・サビンという男は、最初からの三連勝をなし遂げて、すっかりこの町のヒーローに成り上がった。

　この自転車競技がどれほどに大会の人気種目となったかは、その後のパンフレットの表紙に描かれていることからもわかるし（写真は一八九六年のパンフレット）、花形であった騎乗槍試合のティルティングの馬の代わりを、この自転車にさせたときがあったことからもわかる。

　今もこの町の中央の観光案内所兼博物館では、「ウェンロック・オリンピアン・ゲームズ」での自転車競技の様子が、実物大の人形を乗せて展示され、人々の目をひいている。行かれる人は、忘れずに見ておいていただきたい。

以上が、この時期におけるウェンロックのゲームであったが、実は本書では、もう一度これに光を当てなければならないことになる。それは、クーベルタンが一八九〇年にこの町を訪れて実際に見学し、一気に自分の考えるオリンピック構想に結びつけるからだ。

しかし、その話は第八章まで、一旦はおいておかねばならない。なぜなら、それまでにも他の町々で、オリンピック・ムーブメントが起きていたからだ。

第六章　リバプールのオリンピック

国際的貿易港

フランスのクーベルタン男爵が「近代オリンピック」の開催を思い付くまでに、イギリスにはすでにコッツウォルドやウェンロックで、古代オリンピックの再興ゲームがあったことを述べてきた。

実は、同じような例は、それだけではなかった。

ブルックスたちが取り組んできたのと同様の競技会は、また他にもあり、中でも最も目立っていたのは国際的貿易港のリバプールのものだった。

最初からお読みいただいた方にはおわかりだろうが、リバプールの大会といえば、以前、私が列車の中で出会った、西オーストラリアから帰国の老作家が私に語ろうとしていたのもそれだった。残念ながら、当時の私はイングランド対ウェールズの野球のことに気をとられていて、こちらにはまったく気が回らなかった。

なるほど、調べてみてわかるのは、リバプールはさすがに国際港だけのことはあって、ここにはいくつかの巨大なスポーツ競技会がすでに出現していたことだ。一つは、「ドイツ人運動協会」（GGS＝German Gymnastic Society）というもので、パンクラス通りに巨大な体育館を建て、ドイツ系の人たちが中心になって活動を始めていた。ドイツ系を標榜しながらも、一八六六年の時点で、一一〇〇人もいた会員のうち、六五〇人が生粋のイギリス人だったという統計がある。

もう一つは、「リバプール・オリンピック・フェスティバル」というもので、一八六二年に始まったあとは、六七年まで毎年続けて行われた。それは途中で名を改め、イングランドではなく、ウェールズにも場所を移して行われるようになったが、中心地がリバプールであることには違いなかった。

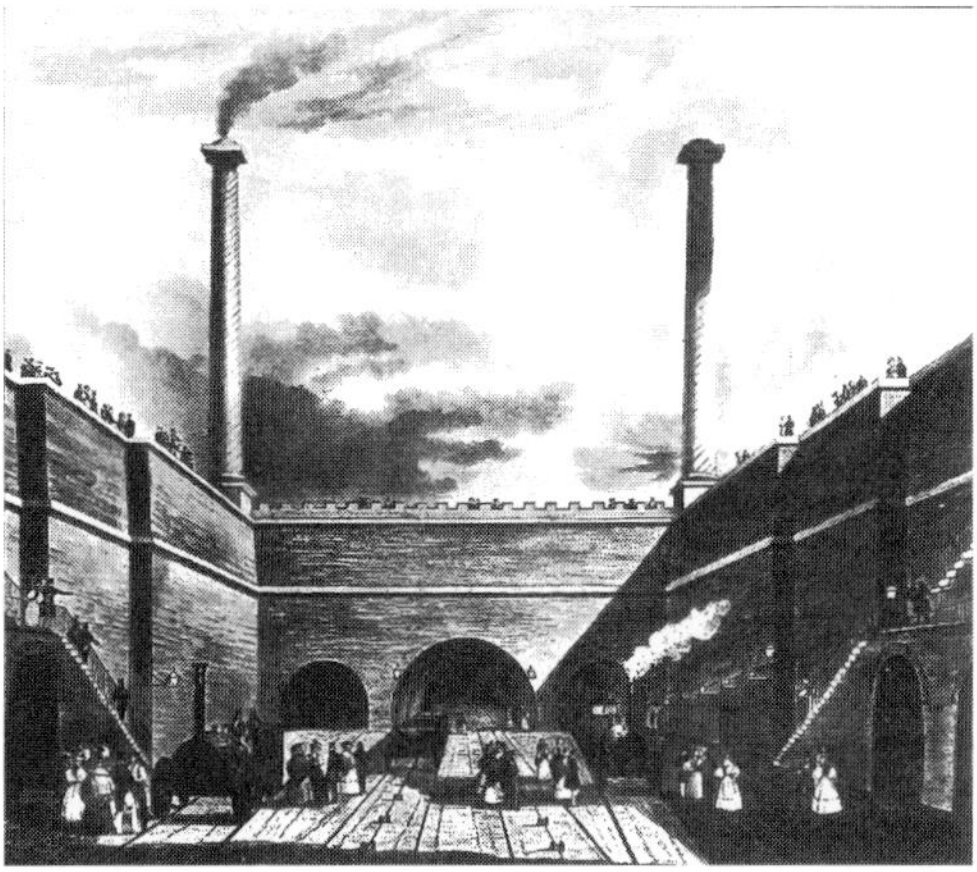
リバプールの最初の鉄道駅

リバプールといえば、大英帝国の繁栄を支えた貿易港。そこがいかに重要な場所だったかは、最初に敷かれた鉄道の大動脈というのが、マンチェスターとリバプールの間のものだったということを見てもわかる。

この町に出現していた「オリンピック・フェスティバル」という行事。それがクーベルタンをして「近代オリンピック」の実現へと向けさせた大きなきっかけだったというのに、スポーツの歴史書においてさえ、これが大きく取り上げられることがあまりないのには、いくつかの理由がありそうだ。

その最大のものは、これがたった六回の実施を見ただけで、途中で終わってしまっていることだ。

四年毎に行われたものでもなかった。

たった六度で終わったとはいっても、それがクーベルタンに伝えた教訓は決して少なくはなかった。主なものだけ取り上げても、とても重大なものだ。それは次のようなことである。

・アマチュア主義の徹底
・女性の参加
・国籍を問わない外国人の参加

鉄道によって人々が遠距離のスポーツ行事を訪れるようになったのも、それが初めてだったし、外国での開催のきっかけを見つけたのも、このときだった。

また、オリンピックのモットーのように今でも語られる「健全な肉体に、健全な精神を」の言葉も、ここリバプールで用いられてのち、オリンピックと共に広がるものとなったのだった。

この言葉については、このあと少しは説明しておきたい。

その背景

「リバプール・オリンピック・フェスティバル」には、細部においてわかりにくいこともあるのだが、しかし、幸いなことに、その時代からの新聞がここに数種あり、記事も豊富。

場所からいっても時代からいっても、産業革命の激動の中で最も活気を見せた町のこと、スポーツ一つにとっても、情報はかなりあり、調べれば調べるほど、奥深く導き入れられていく感がある。

人がスポーツを楽しむには、まず余暇と金が必要だが、それらを一挙にもたらしてくれたのが産業革命だった。その恩恵を最初からすべての人が受けられたわけではなかったが、その波をまともに受けたのはリバプールだった。それまでにはなかった大きな波が、この時期のリバプールには押し寄せていた。おまけに、産業革命という大きな波とは別に、もう一つ、大きな動きが、この時代のリバプールに押し寄せてきた。

それはいわゆる「ジャガイモ飢饉」を逃れるアイルランド人たちだった。一八四五年、お隣のアイルランドで、主食のジャガイモが腐り始めたことが原因であった。胴枯れ病のために、ジャガイモは数年にわたって被害を受けた。

その災難から百万人が死に、同じく百万人が国を飛び出した。行った先は主としてアメリカ・

ニューヨークだったとはいうものの、ここリバプールへ来た人も少なくはなかった。町は彼らで溢れた。このジャガイモ難民が、結果としてリバプールのオリンピック運動を支えるのだ。

　それでなくても、リバプールにおいては人口が急増していた。アメリカや西インド諸島との貿易が大繁盛となっていたからだ。人口の統計を見ると、一八〇一年にはただの八万二〇〇〇だったそれは、六一年には、四三万になっていた。

チャールズ・メリー

　それはいいが、ドックの周辺には貧民窟ができ、労働者階級の住処が市の周辺に広がりつつあった。

　その実情を見て、二人の青年が立ち上がったのが、「リバプール・オリンピック・フェスティバル」の始まりだった。二人の青年というのは、チャールズ・メリー（Charles P. Melly）とジョン・ハリー（John Hulley）であった。

　チャールズ・メリー（写真）は、裕福な木綿商人の子として、この町に一八二九年に生まれた。出身校は有名パブリック・スクールの一つのラグビー校であった。フランス人男爵ピエール・ド・クーベルタンがこの学校のアーノルド校長の教えに目を開かれ、実際に学校を訪問して感動を味わったことは第三章で述べた。

チャールズ・メリーがこのラグビー校に在籍していたのは、ちょうどスポーツに熱心だったといわれたトーマス・アーノルド校長の時代だった。彼もその影響を最も強く受けた一人だったのだろう。スポーツ活動にその情熱は注がれることになる。

卒業後、まずはリバプールに帰り、家業に勤しんだ。やがて産業革命による社会格差が生み出した底辺の人たち、それにアイルランドからの難民の生活を見るうちに、次第に博愛主義に目覚め、慈善事業、一般社会への奉仕に尽力するようになった。貧しい家庭の子弟のための学校の増設や夜学の新設などのほか、急増する人口の前で大問題となっていた飲料水についても、解決策を探った。市内に四三カ所もの水飲み場を設置させたのが彼であった。そのいくつかは、今も市内に残っている。

彼が特に熱を入れたのは、健康増進のための市民のスポーツとレクリエーションについてだった。活動を財政的に支援する組織作りから始め、大きな運動場や体育館の必要を説いた。子供たちの遊び場を作って、シーソーやブランコなどを置いた。彼が造ったスポーツ施設を利用した人の数は、最初の一カ月で七千人にのぼったという。

リバプール市のパークロード・スポーツセンターにあるジョン・ハリーの顕彰プラーク

「健全な肉体に、健全な精神」

もう一人の青年ジョン・ハリー（写真）は、チャールズ・メリーより三歳年下だった。「ドン・キホーテのような人」との評もあるところから見て、リバプールでも相当目立った人だったらしい。

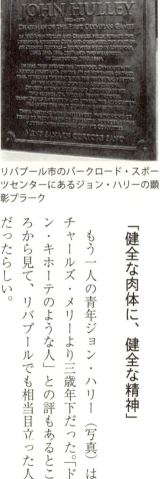

最初はフランス人経営の体育塾に通っていたが、一八五〇年代には自らも市内にスポーツ・ジムを開設して、若者たちの指導に当たった。健康維持のコースのほか、ボクシング、レスリング、フェンシング等々の特別コースを設けて選手養成を行った。それぞれに第一級の指導者を備えていることで有名だった。

一八六〇年代に入って、彼はジムをボールド通りにあった大娯楽場ロタンダ（Rotunda／写真）の中に移すことにした。ボールド通りといえば、当時から最も賑やかな通りだった。港と鉄道駅との間にあって、商店や作業所が立ち並んでいた。今も洒落た洋品店やレストランなどがひしめいていて、当時を想像するに苦労はないが、リバプールのランドマークとまでいわれた大娯楽場ロタンダが、その後の大火で消滅してしまっているのが残念だ。そこには大劇場のほか、音楽堂、ショップ、パブ、レストランがたくさん集まっていた。

ロタンダ内のジムの開設のときには、各界の名士を招待したが、その中には当然ながら、シュロップシア郡からのスポーツ関係者が含まれていた。「ウェンロック・オリンピアン・ゲームズ」のことなどを、ハリーはよく知っていたことを意味する。

ウィリアム・ブルックスは、このとき友人で薬剤師のトーマス・フィリップスを連れてお祝いに行っている。堂々たるロタンダの中のハリーのジムには、ラテン語の言葉、"Mens Sana In Corpore Sano" が掲げられているのを見た。「健全な肉体に、健全な精神が宿らんことを」である。のちにオリンピックのモットーのように使われることになる言葉だ。

ロタンダ

用心しなければならないのは、この言葉が日本では、「健全な肉体に、健全な精神が宿る」といった風に、現在形で訳されることだ。それは間違いである。これはあくまで祈願の文言であって、「宿る」ではなく「宿らんことを」の意味。つまりそれは、健全な肉体に健全な精神が宿ることが、いかに困難か、ありにくいかを証言しているのだ。なお、これは英語に直せば、"A Sound Mind in a Sound Body"。

ともあれ、今でもよく使われるこの言葉が、クーベルタン男爵によるものではなく、ジョン・ハリーのスポーツ施設からリバプールのオリンピック・フェスティバルへと受け継がれ、さらに「近代オリンピック」と共にさらに長い生命を得たものであることは、憶えておきたい。

プロを排除したアマチュアの大会

ジョン・ハリーは、古き時代への憧憬を常に抱えている男だったことは、彼のスポーツ・ジムにこのラテン語のモットーを掲げていたことからもわかる。

彼はみずからの立場を表すのに、単なる「体育教師」などという散文的な表現は避けて、わざわざ古代ギリシャの「競技取締官」(Gymnasiarch)の語を用いた。また、スポーツ・イベントの折には、その趣向を強調するかのように、色鮮やかなトルコ衣装とか、ビロードのスーツで登場したという。「ドン・キホーテのような人」だったとの評は、こうしたところから生まれていた。

先に紹介したチャールズ・メリーとこのジョン・ハリーの二人は、それぞれの持ち味においては遠く離れてはいたといっても、それゆえにこそ、かえって絶妙の相性を示したという評がある。チャールズ・メリーの慈善精神は、ジョン・ハリーの実用的技量や抜群の集客力と結びついて初めて、効果的に作用したというのだ。

両者に共通していたのは、人々の健康増進のためのスポーツ振興への熱意であって、彼らはゲームの仕方についても、具体的に指導するのを忘れなかった。彼らが主催する大会の特徴は、多くの前例が示すような勝者への賞金を排したことだ。つまり、大会そのものをアマチュア精神に貫かれたものとしたのだ。ギャンブルなどはもってのほか。あくまで紳士的な雰囲気を尊重し、健全な形で競技を楽しむことをすべてに優先させたのだった。

一八六二年、彼らは「リバプール体育クラブ（LAC＝Liverpool Athletic Club）」を設立する。チャールズ・メリーが会長、ジョン・ハリーが事務局長に就いた。そして、いよいよ「リバプール・オリンピック・フェスティバル」の開催を宣言する。

"MENS SANA IN CORPORE SANO."
THE LIVERPOOL ATHLETIC CLUB
WILL CELEBRATE A
GRAND OLYMPIC FESTIVAL,
UNDER THE DISTINGUISHED PATRONAGE OF THE
UNIVERSALLY FAMED
LANCASHIRE WITCHES,
AT THE
MOUNT VERNON PARADE GROUND,
ON SATURDAY NEXT, THE 14TH INSTANT,
When the following PRIZES will be offered for competition to
Gentlemen Amateurs:
THE CHAMPION'S GOLD MEDAL,
MAYOR, R. HUTCHISON, ESQ.
This Medal will be a beautiful specimen of workmanship,

"GRAND OLYMPIC FESTIVAL"の広告

各種のボランティア組織から協力者が集まった。商店街から多くの寄付が届けられた。市長からは、体育に関する作文の部の優勝者に対して与えられる金メダルが寄贈された。そうしたボランティアや寄贈者の数は、広く全国に及ぶものとなる大発展をみるのである。

一八六二年六月十三日の『リバプール・デイリー・ポスト』紙に、マウント・バーノン・パレード・グラウンドでの第一回「グランド・オリンピック・フェスティバル」の広告（写真）が載った。それには豪華な来賓のことや競技種目のほか、表彰のことまで詳しく書かれていたが、その冒頭の一行目に掲げられていた言葉もまた、"Mens Sana In Corpore Sano" であった。古代オリンピックからの伝統に範をとる大会だと、特に念を入れた説明もなされていた。見物料は安く抑えられていて、一シリングの席が多かった。スタンド席でも二シリングだった。プロ選手を排除したアマチュアの大会ということが一般受けしていたのだ。

試合に勝っても、現金の授受はない。銀と銅のメダルによる表彰があるのみだった。のちにピエール・ド・クーベルタン男爵がアマチュアのスポーツ大会としてのオリンピックを始めたとき、その心にあった一つが、リバプールのこれだったのではなかったろうか。

例外的に金のメダルと一〇ギニーの賞金が与えられているのは、作文の部の優勝者に対してだった。この部門の優勝者というのも地元民ではなく、ロンドンの二一歳の青年だった。リバプール以外の町から、あらゆる部門に多くの参加者がいたことが見てとれる。

第一回リバプール大会

一八六二年の六月十四日、土曜日。

第一回大会の朝は曇天だった。雲の厚さから、人々は今にも雨が降るのかと心配したというが、天は彼らに味方して、何とか大会は挙行できた。有料入場者は九千人。グランド・スタンドは女性たちに占められた。

エッチング画

競技の種目は、たいていがブルックス考案のウェンロックの大会のものと同じだった。リバプールはウェンロックからさほど離れているわけではなかったし、ジョン・ハリーもチャールズ・メリーもウィリアム・ペニー・ブルックスとは知り合いだった。リバプールの二人も実際にウェンロックの大会を見学していたかもしれない。

競技会は、見る者にとって、とても忙しいものだったろう。今に残る当日のエッチング画(『イラストレイテッド・ロンドン・ニュース』一八六二年七月十二日／写真)を見れば、当日の盛況が伝わってくる。スタンドは満員。グラウンドにも係の者と観衆が幾重にも重なり、立ち上がっている。外周を競技者が走っているかと思えば、フィールド部分ではいくつかの試合が同時進行で進められている。観る方からすれ

ハンド・スウィング

ばどれをどこで観るかが問題だったろう。

大会初日の競技が終わったのが、夜の九時半だったという。周囲が暗くなって、競技の続行が不可能になって、やっと終わったというのが実態だった。観客席と競技場との区別がはっきりしていなくて、観衆の整理に主催者側は苦労したというが、全体としては大成功。プロを排除したアマチュアのみの大会でも、こうして一般からの強い関心を集め得ることを証明していた。

スポーツ・ウーマンが現れたのも、この大会の特徴だ。体操競技がその最初の種目となった。それはまだ正式種目としてではなかったのだが、公開デモンストーションとして、「ハンド・スウィング」（ブランコ棒／写真）などがあったようだ。実際の競技と言えるほどのものだったかどうかは別にして、男性の世界と思われていた大きなスポーツ・イベントに、女性参加の一つの動機を与えたことを考えると、大きな変化だったことには違いない。

ジョン・ハリーは、それ以前から女性の健康増進のための体育の必要を説いていたし、運動のための女性の服装にも、さまざまな提案をしていた人だった。

これらの新しい試みに加えて、もう一つ、新奇だったことがある。いかにもリバプールならではのことだったが、外国人にも参加を許し、どこの出身の人であろうと、個人としての参加が可能という定型を生み出したのだ。

国際的大会へ

その意味は、二回大会において明白になる。

一八六三年六月十三日の大会は、「第二回インターナショナル・オリンピック・フェスティバル」と銘打って行われたからである。つまり、「リバプール」という地名を捨てて「国際的」大会と名付け、それを広く一般に向かって声明したのだ。

ただし、国外からの参加者が格別に多くなったとの記録はない。競技者としては、ギリシャからの参加が目だったくらい。観客数は一万二千に増加したが、それについては、特設のスタンドを増設したことが効果を生んだのだという意見もある。このスタンドによって、第一回に起こったような、観衆がグラウンドになだれ込むという事態は避けられた。

大会運営で注目すべきは、競走において、タイムというものが初めて記録されていることだ。現代の陸上記録と比べてみても、引けをとらないほどの快(怪)記録が出ていることから、その正確さには疑問はあるものの、走者の速さを記録にとどめようとする努力がなされたというだけでも、歴史的といえる。

また、勝者への表彰にも変化が出てきた。運動競技のチャンピオンに、月桂冠と共に市長寄贈の金メダルが与えられるようになった。表彰式をますますドラマチックにしようという方向が示された大会でもあった。

第三回大会は、一八六四年七月二日に始まるはずだった。

音楽や哲学の会とも連携したものとなる予定があり、地元新聞もそれは前代未聞の大イベントとなるという予想を書き立てた。

しかしこの大会は、実際には大成功というわけにはいかなかった。天候が悪く、時には土砂降りの雨。一週間後の七月九日に延期となった。競走のためのトラックも泥沼になった。

だが、延期が幸いしたこともあった。

他の市町村に呼びかける時間が予定より多くなったことで、他の町からも多くの競技者を迎えることになったからだ。ロンドン、マンチェスター、ニューカースル、ケンブリッジ、ヨークシャー等々からである。それも、「賞金のためでなく、あくまで栄誉のため」だけの参加であった。

プロ選手たちが、まったくやって来なかったというのではなかった。何人か、来ることは来た。どんなに来させまいとしても、彼らは障害を突破してやって来る。厳しく彼らを締め出そうとする関係者との知恵比べだった。

抜け目のない業者がいるもので、急遽、別のスポーツ・イベントを仕立てて競技を行い、プロ選手を集めて、興行を成功させている。そちらの競技会では、地元リバプールのモートン・ブラウンという選手が、五十代という年齢にもかかわらず、五〇ヤードを一八歩の跳躍でクリアする大記録を作った。

「リバプール・オリンピック・フェスティバル」を取り仕切るチャールズ・メリーとジョン・ハリーの二人は、確かな手応えを感じていた。基本的なやり方として、間違ってはいないという確信だ。その信念のもとに、一八六五年、彼らはオリンピック運動を全国的に広めるための協会「ナショナル・オリンピック・アソシエーション」（ＮＯＡ＝National Olympic Association）を立ち上げる。「ウェンロック・オリンピック」のウィリアム・ブルックスも、これに賛同して、協力を約束してくれた。それを証明するものの一つが、第一回大会での自転車競技の模様を描いたものだ。ウェンロックでは「騎乗槍競技」だったのが、ここでは自転車競技として描かれている。馬が自転車に代わったのだ。たしかにウェンロックでも自転車で行われたことがあって、それを見習ってのリバプールでの競技だったと見られる。

とにかく、ここに全国組織として初めての協会が生まれた意味は大きかったし、そこに「オリンピック」の語が用いられていたことの意義もまた無視できない。

会場を移す

会場を別の都市へと移すことになって、「リバプール」の名が消えた大会となった。

イングランドを離れての最初の開催地というのが、ウェールズの港町ランディドノー（Llandudno）だった。従って、第四回大会は、「ランディドノー・オリンピック・フェスティバル」と呼ばれることが多い。なお、この地名には「ランダドノー」の発音もある。

話がウェールズとなると、最大の町であるカーディフが最初の候補地となっていたというのは理解できる。ところが、その予定は途中で変更され、突如、ランディドノーになったというのは、一体、何によるものだったのか。

その理由の第一が、やはり鉄道の発達だ。

たいして大きな町ではなかったが、ここにも一八五八年になって、新しき文明の利器である鉄道が開通した。海岸沿いの湿地が上品なリゾートとして開発されることにもなった。もともとが港町だから、船による集客も考えられるし、同時に鉄道による動員も可能とあって、その特徴に大きな期待が寄せられた。大会はさまざまに将来への夢をふくらませるものとなった。新しい桟橋もできたし、海岸線に見事な遊歩道が敷かれた。大会の競技種目に水泳や、ヨットも加えられた。

産業革命の効果は絶大だった。鉄道と船によって、スポーツへの新しい局面が示された。アメリカ・サウス・カロライナ大学の歴史学教授リチャード・マンデルは、その著『Sport：A Cultural History』（Columbia University Press, 1984）の中で実に端的にそのことについて述べている。彼は、イギリスという国の社会が、ヨーロッパ大陸の国々と比較して柔軟性に富んでいたことを指摘したあと、言葉を継いで次のように述べる。

「特徴的なのは、イギリスが比較的、富に恵まれていたことだ。大陸の国々と比べて、より富んでいたのが、少数の地主階級だけではなかった。田園地帯の、あるいは都市部における、労働者階級の人たちについても同じだった。彼らは慢性的な経済的不安定に見舞われながらも、大陸の人たちに比べれば、常時、より多量の肉を食べ、羊毛の衣服を身に付け、革の靴をはき、より多く本を読み、劇場に通い、スポーツ・エンタテインメントに参加していた。

それだからこそ、彼らイギリス人たちは、余暇の利用を飽くなきまでに探究できたのだし、資源を活用して新たな富を創造する実験にも邁進できたのだ。それらの実験の中には、実にすばらしい成功を見せたものがあった。

近代スポーツと産業革命とは、英国文化のダイナミズムの上で、起源を共有するものだ。産業革命の成果を最もよく表しているのが、スポーツだったということもできる」

発展の果てに

一八六五年に続いて翌六六年の大会も、ここランディドノーで行われた。彼らは彼らなりに、懸命にがんばった。リバプールやロンドンのような大都市ではないだけに、あらゆる面での規模の小ささには悩んだが、その趣旨はよく伝えられた。

プロを排除したアマチュアだけのスポーツ大会でも、やり方があることを示したのだ。それはこのあと、さまざまな所で、さまざまなスポーツ団体が発生する要因になった。それらが結集して、一八八〇年にはオックスフォードで「アマチュア運動協会」(Amateur Athletic Association) が結成されたし、それがスポーツ・イベントを主催することにもなった。もちろん、競技によって金銭を得る者はいなかった。

一八八二年に結成された「アマチュア漕艇協会」(Amateur Rowing Association) では、プロの漕手、船頭たちが除外されただけではなかった。漕艇に係わる職人、機械工のほか、手仕事に携わる者すべてが除外された。

サッカーにも影響が出た。一八八五年からはプロとアマがはっきりと区別された。ラグビーにも同様の動きが及んだし、クリケットにも厳密な区別が発生した。同一チームでプロとアマの選手たち両者がプレイしながらも、脱衣場を別にし、ピッチに行くにも違った出口を使うようになったというから徹底している。

このように、チャールズ・メリーとジョン・ハリーの二人が「リバプール・オリンピック・フェスティバル」を発祥させたことによる刺激の大きさは計りしれない。

しかし、そうではありながら、彼らが起こした大会の歴史は、決して長くはなかった。前述のように、わずか六回で終わっているのであった。その理由とは、何だったのか。

1866年の第2回ランディドノー大会の閉会式風景

スポーツ界を支配する組織が、ロンドンや大学町へと移っていったということもあるが、最大の理由は、やはり、この二人の身の上の変化によるものと言えるのではないか。
ジョン・ハリーは結婚問題で悩んだ。ある裕福な実業家の一人娘と恋に落ちた。娘の父親という人は、ハリーがオリンピック・フェスティバルなどに熱を入れているのが気に入らない。二人の結婚には大反対だった。当人同士が挙式の日を決めていたところ、その日になると父は娘を部屋に閉じ込めて、出られなくしてしまった。
すったもんだの騒ぎとなったが、結局、二人は結婚を果たす。しかし、嫁の実家との確執はおさまらず、ハリーのスポーツ・ジムの運営にも陰りが生じた。当時はスポーツ界を仕切る人間といえば、一流のステイタスのある社会人ということになっていたから、この問題からの打撃は大きかった。順調だった仕事にストップがかかり、経営が一気に悪化した。悪いことは重なるもので、彼の肺に問題があることがわかった。

医者は彼に暖かいところへの転地を勧める。アメリカへ、さらにはアフリカへと療養に出るが、もとの元気を取り戻すことはできず、結局は一八七五年一月に亡くなった。四二際の若さだった。相棒だったチャールズ・メリーも、ハリーより長生きしたとはいうものの、やはり最後は哀れだ。

一八六五年には、ヨーロッパ随一と呼ばれる体育館を、マートル通りに完成させるなどしてまだ意気軒昂だった。翌六六年には区議会の議員に選ばれ、特に公園の新設や増設に尽力した。今もあるセフトン公園などは、彼の主張で造られたものだ。

しかし、一八七〇年代に入って、家業が傾き始め、財政に悩んだ。そして次第に精神に異常をきたすようになり、施設に入れられた。前途を悲観した彼は、一八八八年十一月、ピストルによる自殺で世を去った。五九歳だった。

彼ら二人の努力は、一見して無駄だったようにも見える。しかし、今見直しても、彼らが試みたことはすべて意味深いものだった。それが近代のオリンピックにどのような影響を与えるのかは、このあとのフランス男爵ピエール・ド・クーベルタンの人生に表れる。

第七章　アメリカへの接触、イギリスでの見聞

オリンピック復興を決めたのは？

あのピエール・ド・クーベルタン男爵は、このあといよいよ「近代オリンピック」への歩みを固めていくのだが、ここで一応、それまでにあった「オリンピック」をまとめておこう。

彼に具体的な構想を伝え、やる気を引き出させた実例の数々だ。もちろん、類似のもので、規模の小さいものとなると、他にもまだまだあったであろう。まずは、主なところで、これだけあった。

「コッツウォルド・オリンピック」
「ウェンロック・オリンピアン・ゲームズ」
「シュロップシア・オリンピアン・ゲームズ」
「リバプール・オリンピック・フェスティバル」
「インターナショナル・オリンピック・フェスティバル」
（「ランディドノー・オリンピック・フェスティバル」）

クーベルタン男爵は、彼のオリンピック構想を進めるにあたり、これらの大会から多くのヒントを集めたに違いなかった。彼のことが、スポーツの歴史書の中で、オリンピックという国際的競技会の「創始者」（founder）というより「まとめ役」（organiser）だったとされることが多いのは、それらの「いい所取り」をする形でオリンピック構想がまとめられていったことを意味している。

実際、彼はウェンロックまで足を運んでいって、実地に確認もするのだが、もちろん、それをするまでにも、彼はアメリカを含めた内外の事情をつぶさに研究し、見聞を広めている。

それらを集大成したものとして、彼が実際にそれに乗り出していく決意を持ったのはいつだったのか。それを見極めるのはかなり難しい。

自分が夢見た「オリンピック」の実現に踏み出すこと。それには、そうするだけの深い心酔、共感、決断がなければならなかった。それまでに彼が得た知識や経験からいっても、彼はもう実現に近いところまで辿り着いていたことは確かだった。しかし、最終的にそれに突入させていったのは、いつのことで、何によるものだったのか。

彼の歩みを調べてみてわかるのは、彼がこれに踏み切ったのは、一八八九年から一八九二年までの間だったということだ。では、そのきっかけは？

ドイツ人による遺跡の発掘から

それはドイツ人によるオリンピック遺跡の発掘だったとされる。

クーベルタンの評伝“This Great Symbol”によれば、これは一八七四年から始められ、八一年まで続いたものだという。行ったのは、ベルリン大学のエルンスト・クルチウス（Ernst Curtius）教授。ギリシャ政府との契約の上で始めたものだ。契約というのは、発掘の権利は独占的にドイツにあるとされ、遺跡発掘の費用はすべてドイツ側が負担する代わりに、発掘したものはすべてドイツ側が得るというものだったとある。

クルチウス教授はこれに基づいて発掘を行い、出たものはすべてドイツ側のものとされた。この作業のことはビクトール・デュリュイ（Victor Duruy）という人によって『ギリシャ人の歴史』として詳述されたのだったが、その中でオリンピック大会のことが一一ページ以上にわたって書かれていた。その発掘現場の見取り図を見たことが、クーベルタンにオリンピック再現の夢を抱かせたというのが真相だ。

デュリュイはオリンピック競技に関する説明の中で、「そこには徳と名誉に基づく平等主義が存在した」と書いたが、クーベルタンの心を最も強く打ったのは、この文だったとされる。

「これらの競技においては、完全な平等が実施された。生まれも財産も何ら足しにはならなかった。豊かな者も貧しい者も、下層の者も名家の者も、みな等しく参加することが出来たのである」

そうした「平等主義」は、先に見た「コッツウォルド・オリンピック」にも「ウェンロック・オリンピアン・ゲームズ」にもあったことは、すでに本書でも見てきたとおりだ。その思想は長くクーベルタンの中にとどまり、彼を支配していくことになる。オリンピックが実際に行われるようになったとき、彼がアジアの日本やアフリカにも声を掛けてきたもとには、それがあったのに違いなかった。

アメリカとの接触へ

本土フランスにおいて、新知識のもとにスポーツ振興の様々な活動に取り組んでいたクーベルタンは、一八八〇年代にはもう国中で屈指の教育専門家と見なされるようになっていた。そして一八八九年、彼はフランス政府からの一つの委任を受ける。「北米大陸を訪問し、アメリカ合衆国とカナダの高校・大学での教育がどのように行われているかを調査してほしい」というのだ。

彼は喜んでこれを引き受けた。そこからまた新しい展望が開けるかもしれないと考えたこともあっただろう。そして実際に、その考えは的中するのだ。この間は、一時的にせよ、ウェンロックの「オリンピアン・ゲームズ」への彼の関心は棚上げにされていたかもしれない。

アメリカ合衆国において、彼は公立学校だけでなく私立学校についても、つぶさに調べた。体育の状況やグラウンドの状態なども、徹底的に調査した。そして、多くの指導者や政治家にも会って意見を聞いている。その中には、こののち第二十六代アメリカ合衆国大統領となるセオドア・ルーズベルトも入っていた。

カナダでは、モントリオールのフランス系の学校や、トロントのイギリス系の学校も訪れた。クーベルタンの印象では、体育においては、イギリス系の学校の方がフランス系よりははるかに効率的に行われていると見えた。

彼は先生方に質問をした。

「学校でのスポーツには、どんなものがあるのか」

「学校以外のところでは、子供たちはどんなスポーツをしているのか」

「貧しい家の子供と金持ちの子供とでは、遊びにどんな違いがあるのか」

等々であった。

そんな疑問を通して、互いに意見のやり取りをしているうちに、気付いたことがあった。いつの間にか、自分の周りには多く同志と呼べる人がいたということだった。もう親友と呼んでいい人も多くできていた。

最初は、自分一人の個人的な問題として始めたのに、気が付いてみれば、それはすっかり「国際的な」テーマになっているのであった。以来彼は、「スポーツが持つ力によって、違った国の者同士にも、愛や友情といったものを育て得るのではないか」と考え始めるのだ。

それが可能なら、スポーツによって人々の意識の国際化も促進され、大きくいえば、国々の間に友好と平和をもたらすことができるのではないだろうか。クーベルタンの構想は、より一層次元の高いものへと変わっていった。

エドウィン・チャドウィック

エドウィン・チャドウィックの後押し

不思議なもので、クーベルタンがアメリカやカナダにも足を伸ばして展望を開きつつあったころ、イギリス・ウェンロックのブルックスにも一つの大きな転機が訪れていた。

一八八四年あたりからイギリスにエドウィ

ン・チャドウィック（前頁写真）という社会改革者が出現していたが、その彼がウィリアム・ブルックスに強力な協力を示したのである。彼と力を合わせることで、ブルックスの前にも新しい局面が急に開けてくる。

協力者のエドウィン・チャドウィックというのは、特に底辺の人々の暮らしに目を向けていた人で、都市の飲料水から社会衛生の問題など、様々な面から社会を改良していこうとしていた。市民の健康維持のために金を投じることは、病人となった人を保護する施設を造るより、結局ははるかに経済的であることを提言していた。彼は統計学の専門家でもあって、すべてに数字をもって説明できる男だった。

チャドウィックからの積極的な働きかけに応じて、ブルックスも「ウェンロック・オリンピアン・ゲームズ」の情報を送ったり、学童たちの体育について相談したりするようになった。二人は互いに協力の体制を組むようになり、共同作業を通じてブルックスは一層大きな使命感を持つようになった。それは一八八四年の彼のスピーチからも読み取れる。

この年ブルックスは、競技大会直前に転倒して腕を骨折していたために、会場への行進に加わることはできなかった。彼はウィルモア通り七番地の家の前に立って行列を見守った。

丘に向かっていた人々の行列は、彼の姿を見て立ち止まった。腕を三角布で吊るしたまま、玄関前の石段に立っていた彼は、こう声を上げた。

「皆さんがこれまで蒔いてきた〝スポーツの種〟は、その大部分が、残念ながら、石だらけの土の上に落ちたようです。その多くは、教育局がほとんど耕すこともなく放置していた土壌に蒔かれたものだから、効果を生みませんでした。偏見という雑草が生い茂っていて、呼吸もできないほどの土地です。この雑草を除去するのは、至難の業です。そんな土地では、これまではただ一種の植物しか生えませんでした。

しかし、私は今とても喜んでいます。一般の方々からのご意見を強力な肥料とし、卓越した人たちの熱心な提唱の支援を受けて、いくつかの種が、ここに芽を出し始めたからです。その卓越した支援者の中には、あの著名な社会改革者のエドウィン・チャドウィック氏も入ってくれています。ですから、たとえ芽の生育が遅く見え、収穫が延び延びになっていると思えたとしても、どうか安心していてください。きっと芽は生育し、成熟し、そして豊かな結実をもたらしてくれるでしょう。真理というものは、そのようなものなのですから」

アメリカとの連携へ

体育の重要性を訴えるブルックスの主張を、最も強く支持してくれたのがエドウィン・チャドウィックだった。彼は新たに論文を書いて、ブルックスの説を紹介したが、その論文の後書きにあったことが特に重要だった。

チャドウィックは読者に対し、「あなたの住んでおられる地区の学校で、満足のいく体育をしているところがありますか？　そんなところがあれば、例を示していただきたい」と書き、そのあとに、彼がとても貴重だとする、イギリス・ウェンロック小学校の例を、統計を添えて提示したのであった。

具体例を、数字をもって示したのだから、それには強い説得力があった。

こうした動きが次第に社会的に作用してきて、公衆衛生や教育行政の面で大きな前進が見られ始めることになる。法律に通じ、統計学に詳しいチャドウィックの支援は、特に下層階級の人の生活に目を向けてきた人だけに、一般に与える影響は大きかった。のちに彼が貧民救済法なるものを成立させたのは、よく知られるところである。

エドウィン・チャドウィックがブルックスたちの支援に加わってくれたということは、イギリス社会にとって、単に都合がいいというだけにはとどまらなかった。その影響はアメリカにも及ぶものとなった。エドウィン・チャドウィックの弟のヘンリー・チャドウィックは、アメリカ・ニューヨークのブルックリンにいて、新聞記者をしていた。二人は絶えず連絡を取り合っていたのだ。

もともとはイギリスのエスターにいたチャドウィック一家が、アメリカへ移住してきたのは一八三七年のことだった。このとき長男のエドウィンはすでにイギリスでの生活に目処をつけていたから、そのまま母国にとどまり、アメリカへ移ることはしなかった。当時一三歳だった弟のヘンリーは親と共に移ってきて、ブルックリンで成長したわけだ。

アメリカにいた弟ヘンリー

ベースボールという新球技がマンハッタンで誕生したのが一八四五年。それは川一本隔てるのみのブルックリンにも伝わって、若者たちに熱狂的に歓迎されるスポーツとなった。ヘンリー・チャドウィックは、この球技の発展と歩調を合わせて成人となった。

彼はこのベースボールというスポーツが、イギリスのラウンダーズから発展したものであることをすぐに察知した。なぜなら、彼はそのベースボールの原型ともいうべき球技を、イギリスにいたときにプレイしていたからである。

ヘンリー・チャドウィック

ラウンダーズは、アメリカにきてタウンボールと名を換え、さらにアメリカ的価値観を盛り込んだ新球技ベースボールへと変貌していた。アメリカ的価値観とは、まさに自由・平等・民主であって、それはベースボールの特徴の至るところに表れている。これを「アメリカの国技」にしないで他に何があろうか、というのが彼の考えだった。以来、彼はベースボールを「国技」とするために邁進するのだ。イカサマや八百長の追放に孤軍奮闘したのもそのためだった。

のちに日本が参加した最初のオリンピックである第五回のストックホルム大会に、オープン種目ながら野球が入れられていたのも、ヘンリー・チャドウィックなしには起こり得なかったことだ。

彼のベースボールへの寄与の深さはとても興味深いが、残念ながら本書の最大の狙いではないので、詳細は割愛せざるを得ない。今の野球にも残っている彼の直接的な遺産として、ただ次の一点を記すのみにとどめる。

それは、野球という球技が抜群に数量化の進んだゲームとなっていること。その背景に、ヘンリーの兄・エドウィン・チャドウィックの存在があったことだ。新聞の野球記事にあるボックス・スコア（選手名、守備位置、打撃成績等を略記した一覧表）の考案は、統計学の権威であった兄からの影響でなくて何だろう。

イギリスにおいて、「平等主義のスポーツ」振興のためにオリンピック運動に協力する兄。そしてアメリカにおいてベースボールを「国技」にすることに情熱を傾注した弟。この二人の両国における活躍は、オリンピックを別にしても興味深い。

見聞を深めるクーベルタン

話をクーベルタン男爵の動向に戻す。

今や国際的な視野を持つようになったクーベルタンは、さらに情熱的にスポーツ行事の見学と調査を進めていた。

一八八八年、クーベルタンは初めてイギリスのヘンレー（発音辞典では「ヘンリー」）・レガッタも見学した。一八三九年から毎年七月に行われ、「イギリスの夏の風物詩」と呼ばれる伝統あるボート大会だ。

この大会から受けた感銘も大きかった。

テムズ川や北部のタイン川では、金を得ようとするプロの漕手たちが激しく競い合っていた。それを尻目に、こちらヘンレーでは、出場者をアマチュアに限りながらも、大観衆を集めていたからだ。「アマチュアリズムの砦」という呼称はまさにヘンレー・レガッタの特質を言い得ていた。プロの排除は一八七九年に決められていたのだ。

その制約は結局一九三七年まで続くことになるものだ。クーベルタン自身がスポーツの競技会にそこまでの厳格さを求めていたかどうかは別にして、アマチュアリズムへの執着を彼が長く持ち続ける原動力の一つにこれがなったのは、間違いなさそうだ。

もう一つ彼が深く感動したのは、このヘンレー・レガッタの実行委員会というものが、実に堅実に組織され、能率的に機能していたことだった。

一口に言ってしまえば、それはリーダー、実行委員、支援者の三者から成り、作られた原則は恒久的なものとして、堅固に守られていた。これもまた、のちに彼がＩＯＣ（国際オリンピック委員会）なるものを立ち上げるときに、大きなお手本となったと言われている。

このあとフランスに帰ったクーベルタンに大きなヒントを与えてくれたのが、一八八九年のパリ万国博覧会だった。そこにはドイツの考古学者の調査をもとにした古代オリンピアのジオラマ（立体模型）が展示されていたことによる。

彫像の立ち並ぶ神殿、寺院、スタジアム、観客のためのホテル、大浴場……。すべてが揃っていた。彼はそれを以前にも見たことがあったというのだが、このとき初めて、これが新たな意味をもって彼に迫ってきたのだ。

それまでいたアメリカでは、彼は「見せ物としてのスポーツ」の成功例を見ていた。大観衆が集まって、スポーツを観る。自分でプレイして楽しむのとは別の、まったく違ったスペクタクルの世界だ。

オリンピックはその例にもなりそうだし、「古代オリンピックの再興」を謳ったものとすれば、きっと国際的にも共通の理念になり得る。「古代オリンピック」は国家の威信を競うものではなく、あくまで個人の卓越を競うものでしかなかったことを、改めて彼は知る。

「争いの絶えざる世界だからこそ、その中に〝平和と友情の島〟を造りたい……」

競技だ、争いだとはいっても、オリンピックは平和的な闘争であって、人々に戦闘を忘れさせるものであった。世界平和を創造するための一つの促進剤として、「古代オリンピック」の再現ほどいいものは他にはないだろう。その考えが、彼の中で確かなものとして浮かび上がってきた。

アンケートによる調査も

クーベルタンは各地への訪問を通じて学んだことを一つの論文にまとめて、『タイムズ』紙へ送った。『タイムズ』がそれを載せたのは、一八八九年五月二十八日のことだった。

クーベルタンが行ったのはそれだけではなかった。その記事に、今度は次のような質問を付けて、彼は世界中の英語の通じる学校やスポーツ指導者たちに送付した。それはスポーツに関する考えを問うもので、アンケート形式になっている。送り返し先は、もちろん、クーベルタン自身。

アンケートの中身というのはこうであった。

「1、あなたの学校や大学で行われているスポーツは何ですか。

2、生徒は一日に何時間スポーツをしますか。
3、乗馬、体操、フェンシング、軍事訓練、漕艇、自転車については、いかがですか。
4、生徒たちには、スポーツ競技の連盟を作ることが許されていますか。
5、ディベート（討論）の会を持つことができますか。ほかにどんな会がありますか。
6、運動競技が友情を育てることを信じますか。モラル、気質、勉学に関してはいかがですか。
7、スポーツに関して支払われる参加費、料金をどう思いますか。
（注）これらに関する詳細な説明、書籍、パンフレット、学校関係の書類等がありますれば、ありがたい。情報はすべて、Paris, Rue Oudinot のピエール・クーベルタンにお送りください」

これを見ると、当時のクーベルタンの知りたかったことが、具体的によくわかる。関係者たちの生の声を、これで直接的に聞き出そうとしたのだ。彼がこの質問状を送った先は六千にも及んだとか。そのうちの一通が、結局はものをいう。

その一通とは、イギリス・ウェンロックのウィリアム・ブルックスのところに届いたものだ。

出会いのきっかけとなったアンケート

それが「近代オリンピック」への道筋をつける最大の動機となろうとは、クーベルタン自身さえ予想していなかったろう。

しかし実際には、それがピエール・クーベルタン男爵とウィリアム・ブルックスとの直接の出会いを作ったのだ。その二人の出会いを、「オリンピック史上最大の出来事」と呼ぶいい方がある。クーベルタンがラグビー校から得た刺激より、これの方がもっと大きかったのではないかというのだ。

彼らの年齢差やその他の事情からすれば、おかしくも見えるかもしれない。二七歳のフランス男爵と、八一歳のイギリスの田舎医師の間のことなのだ。しかし、その出会いはこの上なく自然に、そして円滑に起きた。

両者は会ったとたんに肝胆相照らす仲となり、それが「近代オリンピック」誕生の発端となるのだから。

ブルックスがそのアンケートに対して誠実に返答を書いたのがよかった。

そして、それに加えて、自分も若者の体育をいかに大切に思っているかを述べた。そこには、体育についての彼の深い考えがたっぷりと述べられていた。

ブルックスからの返答を得たクーベルタンは、会心の笑みを浮かべたのではなかっただろうか。その名は聞いていても、まだ会ったことのない「同志」からの返事は、クーベルタンの意欲をさらに強化したはずである。送られてきたものは他にもあって、「ウェンロック・オリンピアン・ゲームズ」のパンフレット、新聞記事、写真、その他の資料などなど。ブルックスの熱意がそれらからも十分にクーベルタンに伝わった。

第八章　クーベルタンのウェンロック訪問

ブルックスの熱意

一八九〇年、クーベルタンはイギリスへ行ってブルックスに会うことを計画し始める。ブルックスはブルックスで、クーベルタンに来訪してくれれば歓迎する意志のあることを伝える。五四歳の年歳差など、何の問題にもならなかった。

言うまでもなく、これはブルックスの人生にも大きな転機を与えるものとなったが、クーベルタンの人生においての方が、より大きく作用したといえるだろう。

彼はそれ以前から、イギリスのウェンロックの町で行われている競技会のことは知っていた。だからこそ、彼がその主催者であるウィリアム・ペニー・ブルックス本人から直接に連絡を受け、「私共の大会を見に来られませんか」と言われたときには、何の迷いもなく応じることにしたのだ。

喜んだのはブルックスにしても同じで、彼はクーベルタンの訪問に合わせて、大会を十月に開くことを決め、その準備に奔走するのであった。

十月？

そう、その年の「ウェンロック・オリンピアン・ゲームズ」は五月に行われていたはずだ。

ということは、ブルックスはクーベルタンのために、同じ大会をもう一度、十月に開催することにしたのか。

そうなのである。クーベルタン一人のために、同じ大会をもう一度やろうというのである。これを見ても、ブルックスの熱意がわかろうというものではないか。

クーベルタンからは、ブルックスのやっていることに賛同する手紙がきた。

「フランスでも小学校での体育を義務とすることがすでに始まっています。しかし、まだまだすべてにおいてなされているわけではありません。……幼児の時代から体を鍛えておくことは、国家全体にとって重要だというあなたのお考えに、私も全面的に賛成です。現在の英国の発展、英国民の繁栄は、お国のすばらしい体育行政の結果だと信じます」

そう持ち上げておいて、クーベルタンはこう告げる。

「この話題については、十月にお会いするときに話し合いたいと思います。私はバーミンガムやラグビーへも行きたいと思っていますが、できれば十月二十日ごろから、マッチ・ウェンロック訪問を始められれば幸甚に存じます。あなたが好都合だと言ってくだされればの話ですが」

こうした手紙は、「ウェンロック・オリンピアン・ゲームズ」事務局の鍵の掛かった部屋の、さらに別の鍵によって守られた戸棚の中で、厳重に保管されている。私はご厚意を受けて実際に見る機会を得たが、クーベルタン男爵の手紙は意外に小さい。封筒も便箋も。そして彼の文字も、驚くほど小さい。それは彼が特別にそうしていたというのではなく、それが当時の常識だったものと思われる（写真）。

しかし、そこに書かれていたことの内容は、実に大きかったわけだ。

クーベルタンの手紙

クーベルタン、ウェンロックへ

一八九〇年十月二十一日の火曜日、ピエール・クーベルタン男爵は鉄道でウェンロックへやって来た。ブルックスはプラットフォームで出迎え、二人は初めて握手を交わした。

翌日朝から、クーベルタン男爵のためのウェンロック大会がリンドン・フィールドで挙行されることになっていた。ウェンロック・オリンピア協会の文書部長クリス・キャノン氏の話は、まるで彼もその日にその場所にいたかのように鮮やかに描出する。

レイブン・ホテルでの語らい

「それは、四〇年前の一八五〇年にブルックスが初めて大会を開いた記念の日でもあったのですね。しかし、当日になってみると、早朝から雨。ときには強く降っている。ただ、遠来の客を失望させるわけにはいかない。競技予定のすべてが行われることにされたのです。商店という商店は、すべてが戸を閉ざして、ゲームへの集中の姿勢を見せました。

隣町アイアンブリッジのボランティアの音楽隊が、行列の先頭に立った。アイアンブリッジといえば、産業革命発祥の町、史上初めて鉄の橋が架かったところとして有名ですよね。そこの音楽隊がウェンロックの町の隊に加勢する意味で、来てくれたのですね。

続いて、警察署長が馬に乗って登場。ブルックスとクーベルタンがそのあとに続き、さらにウェンロック・オリンピアン協会員の旗、次に花籠を抱えた少年少女たち。派手な服装で槍を持ち、馬に跨がった選手たちが姿を見せたのは、そのあとです。一番人気の種目であるティルティング（騎上槍競技）の選手たちでした。町のヒーローたちですよ。

行列は町の中心街を一旦西に向かって進み、外周を回る形をとって進みました。打ち合わせや会食の場としているレイブン・ホテル（Raven Hotel）に至り、ここで折り返して、北東に向かって会場入りしたのですね」

「レイブン・ホテル」の名が出たが、それはまさに今私たちが話し合っているところだった。そう言えば、たしかにフロントや喫茶室には、写真や資料がさまざまに展示されている（写真）。クーベルタン男爵が宿泊したのもそこだったのではないかと思ったが、そうではないらしく、キャノン氏の話では、ウィリアム・ブルックスの家だったのではないかとのこと。クーベルタンの書いたものに、「ブルックス氏と夜遅くまで語り合った」という記述があるからだ。

クーベルタンの手によって植えられた、記念の樫の木とプレート

大歓迎

翌朝のことについてのキャノン氏の話の続きは、現地の新聞記事とも併せて、まとめて書くことにしよう。

一行は町の中心地から鉄道線路沿いのシェイントン通りを進み、会場に至ったのだが、クーベルタン男爵は途中で彼を歓迎する標識、フランス国旗の三色を表す白地に赤と青の文字のものを発見して声を上げた。

彼はそれをとても気に入って、「お土産として持ち帰りたい」のだという。作った方にも異論はない。彼の要求はすぐに認められ、関係者はその手配に入った。

ここまで来れば、もう会場のリンドン・フィールドは目の前だ。樹木に沿って入る。左側に広大な芝地が広がっていた。その向こうに粉碾き塔のある丘がある。会場となったウェリントンのリンデン・フィールドの入り口には、凱旋門のような建物が造られていて、雰囲気を出していた。

歓迎式典で、クーベルタン男爵はこう述べている。

「私はこれまですでに七度もイギリスを訪問しているが、これほどの歓迎を受けたことはなかった」と。

それに続いて植樹があった。クーベルタンの手によって、記念の樫の若木が植えられ、セレモニーは終わった。ちなみに、彼がこのとき植えた木は、今はすっかり成長して、深い緑をたたえているのを見ることができる（前頁写真）。足元に説明のプレートがあるからわかりやすい。

秋の陽は短い。全部の競技が行えるかどうかが怪しい。もしも全部を彼が見られないのなら、もう一度来ていただくことにする旨、ブルックスからの要望があった。

国歌が演奏され、大歓声と共に競技が始まった。

彼が見たのは、子供たちのハンディキャップ制の競走などのほか、一般参加者の一マイル走、テント張り競争等々の七種目。最も大きな歓声が湧いたのも、ティルティング競技のときだった。

騎乗槍競技

競技種目の中で、クーベルタンが最も感嘆したのも、やはりティルティングだった。前述のとおり、「騎乗槍競技」といっても、競技者同士が戦い合うのではなく、枠から吊されている鉄の輪に、槍の先を突き刺す競技だ。

鉄の輪の直径が極めて小さい。古くから伝わる武芸の一つだっただけに、観衆からの声援もしきりだった。

クーベルタンは大会の運営法に感心した。ギリシャ時代の古式をとどめようとしている姿勢に対してである。ティルティングの優勝者には、協会会長の奥方であるベンソン夫人が進み出て、古式にのっとった表彰を行った。このセレモニーにおける厳かさは申し分なかった。国歌が歌われ、ゲームは終了した。

女性たちの晴れ舞台として、クーベルタンは自分が計画しているオリンピックが実現したときには、同様のやり方をしたいと思ったのでなかったろうか。実際の競技には出場しない女性たちだが、大会での表舞台での活躍の場として、これほどいい役割はなかった。

「ウェンロック・オリンピアン・ゲームズ」を讃える

レイブン・ホテルでの晩餐会には、関係者六十人が集まった。

多くのスピーチがあり、クーベルタンの遠来を謝す言葉が続くと、彼はその場の友好的な雰囲気にすっかり心を和ませた。

皆の言葉が終わったあとで、クーベルタンは立ち上がって答礼の言葉を発した。そこでは、次のようなことまで語られた。

「私が初めてイギリスを訪れたのは今から九年前のことですが、初めはイギリス人が好きではありませんでした。かのナポレオンをもってしても勝てなかったのが、イギリスだったからです。しかし、その後私は考えを改めました。

目下のところ、フランスは二十年にわたって平和を保っています。その間に、私たちはさまざまなことを達成しました。中でも特に良かったと思うのは、若者たちへの体育を進めることができたことです（拍手）。今では『フランス体育協会』というのができています。ウィリアム・ブルックス氏には、この協会の名誉会員になっていただいております。来年の『ウェンロック・オリンピアン・ゲームズ』の大会には、私たちからも金メダルをお贈りさせていただくことにしたいと思います……」

晩餐会のあとは、場所を穀物取引所の二階にある「ウェンロック・オリンピアン協会」へと移して、舞踏会となった。このあと、ブルックスとクーベルタンの二人は、長く語り合っていたというから、そこでも深い意見の交換があったものと思われる。

ウェンロックから帰国したクーベルタンは、"La Revue Athletique"（「体育評論」誌）一八九〇年十二月号にこう書いた。

「マッチ・ウェンロックというのは、イギリスのシュロップシア郡でもウェールズに接しようというところにある町です。ギリシャでさえできなかったオリンピック・ゲームの再生をやってのけた町というのがここでした。それを実現させたのは、ウィリアム・ブルックスという医師。四十年も昔にこれを発足させたのが彼であり、八二歳の今も元気で活動しておられる。しっかりと組織を引き締め、今も皆に活力を吹き込んでいます」

「『古代オリンピック』に範をとって一八五〇年に設立された『ウェンロック・オリンピアン・ゲームズ』は、この町の人々の肉体的、道徳的、知的な活力に貢献することを目的にしたものです。戸外でのスポーツを奨励し、毎年大会を開いているのはそのためです。運動における力量、技術の最も卓越した者への表彰と共に、文学的、芸術的に優れた作品にもメダルや賞品が与えられる。そのモットーとされている言葉も、ラテン語の“Civium vires civitans vis”『市民の力こそが、町の力』というものです」

広まるスポーツ熱の中で

クリス・キャノン氏によると、クーベルタン男爵は式典のやり方にも深い感銘を受けていたとか。

表彰式風景。中央右の白ひげの男がウィリアム・ブルックス

「大会をただ古風にするだけでは十分ではない、とクーベルタンは言っていますね。中世の騎士道の精神が欠けていては何にもならないからです。この点でも、ウィリアム・ブルックス氏は、賢明でした。騎士道の伝統を汲んで、表彰式においては、優勝者はひざまずいて、貴婦人から月桂冠を受ける形式を保っていたからです。クーベルタンはこれに感心したといわれます」

かつてクーベルタン男爵はラグビー校二代目校長アーノルドに深く心酔したが、今彼はそのアーノルド校長の姿をブルックスに重ねていたのかもしれなかった。この時点から、「かのアーノルド」はウィリアム・ブルックスへと移り始めたというべきか。

しかし、そうはいうものの、クーベルタンはブルックス一人を持ち上げ過ぎることの危険にも気づいていて、次のような予言的な言葉も発している。あるいは、それはこのあとの二人の関係に微妙な変化を見ることになるとき、改めて思い出される意味深い言葉だ（前掲“La Revue

Athletique”一八九〇年十二月号）。

「この（『古代オリンピック』の再興という）ような、大きな活動の起源を訪ねようとするとき、その本流のみを辿るだけでは十分ではありません。ときにはさまざまな流れが世にはあって、ある一個人のせいにしてしまうことはできないからです。場所こそ違え、同じ意図をもって活動している多くの人のことを知らないわけにはいかなくなるのです」

クーベルタンはこのとき、ヨーロッパに広まりつつあったスポーツ熱のことを思っていたに違いなかった。国際的なスポーツ行事への熱意はイギリスのみならず、オランダ、ベルギー、フランス、イタリア、南米においても高まってきていた。イギリスのウィリアム・ブルックスだけが先頭を切っているとの印象を、世界に与えては面白くないとの心配が、クーベルタンにはあったかもしれない。尊敬しつつ警戒もしているといった複雑な心理をもって、彼はこうつぶやく（同誌）。

「しかし、ブルックス医師が今、ウェンロックでやっていることを凌駕しているものはありません。彼は古代アテネで行われていたやり方を踏襲し、それにこだわっています。

それは今の時代にも通じる、正しく、高貴なやり方です」

これはクーベルタン自身がブルックスに関して発した最も重要な言葉とされるものだが、これからあとは、こんな言葉も次第にクーベルタンの口からは発せられなくなっていく。

ブルックスからクーベルタンの時代へ

クーベルタンは、パリでさまざまなスポーツ・イベントを実施しつつ、オリンピックへの具体案を探り続けた。

一八九一年、今度はクーベルタンがウェンロック・オリンピアン協会の名誉会員になって、ブルックスとの関係はさらに深まった。しかし、まだまだ彼ら以外には「古代オリンピック」の再興を行おうとする考えに同調してくれそうな人は、ほとんどいなかった。

イギリスのウィリアム・ブルックスからは、「今年もまたオリンピアン・ゲームズを見にきてください」との招待を受けるが、四月二十六日の返事で、クーベルタンはそれを断っている。その返事の中で、彼は母国フランスにおいて進めている計画について述べ、将来のオリンピック開催への道筋を示している。

彼がブルックスに伝えたのは、次のことだった（写真）。

パリで体育関係の国際会議を開くことを計画していること。

五月十四日から六月四日までは、フランスの国内体育協会の選手権大会があること。

その国内体育協会には二七種目の競技団体が加盟していること。

選手権大会にはフランス大統領が四十分間出席すること。

競技種目には、セーヌ川でパリの大学生によるボート・レースの大会が含まれていること。

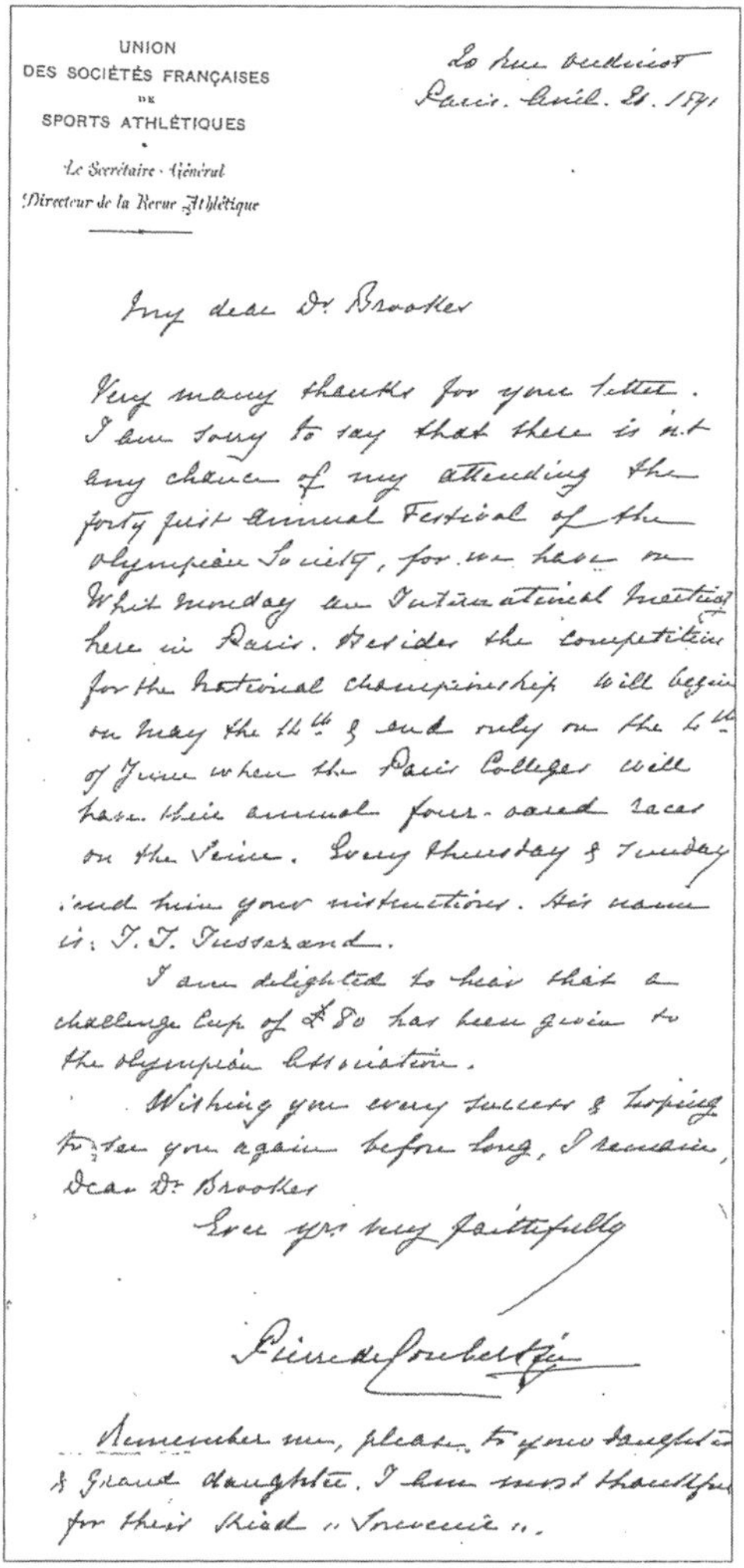
UNION
DES SOCIÉTÉS FRANÇAISES
DE
SPORTS ATHLÉTIQUES
Le Secrétaire-Général
Directeur de la Revue Athlétique

20 rue Oudinot
Paris. April 20. 1891

My dear Dr Brookes

Very many thanks for your letter. I am sorry to say that there is not any chance of my attending the forty first annual Festival of the Olympian Society, for we have on Whit monday an International meeting here in Paris. Besides the competition for the national championship will begin on May the 14th & end only on the 4th of June when the Paris Colleges will have their annual four-oared races on the Seine. Every thursday & Tuesday send him your instructions. His name is: T. T. Tussaud.

I am delighted to hear that a challenge Cup of £80 has been given to the Olympian Association.

Wishing you every success & hoping to see you again before long, I remain,
Dear Dr Brookes
Ever yrs very faithfully

Pierre de Coubertin

Remember me, please, to your daughter & Grand daughter. I am most thankful for their kind "souvenir".

クーベルタンからブルックスへの手紙

パリの大学生によるボート競技もそこに含まれていたのは、明らかにイギリスのオックスフォードとケンブリッジの対校戦を見学して得た刺激からだった。

そして彼の報告の最後には、次の「ウェンロック・オリンピアン・ゲームズ」には、最も卓越したスポーツマンに与えられる金メダルを贈呈したいという、彼の考えも記されていた。たしかに、その考えは実行に移されていて、一八九一年五月十九日の大会では、フットボールで三点を入れたラッド選手にそれは贈られている。クーベルタン男爵が個人として出した金メダルはこのときのこれのみ。授与の際には、クーベルタンへの万歳三唱が行われた。

このあと一八九二年に入ったあたりから、クーベルタンはますますオリンピック実施への具体的な計画に拍車を掛けていくことになるが、それとは逆に、ブルックスの身の上には、徐々に衰退の影が忍び寄っていく。

子供たちの体育の重要性を説く仕事には減退は見られなかったが、六十年も続けてきた医師としての仕事からの引退があった。仕事は弟子のアラン・マッケンジー（当時三六歳）に任せることにしたのだ。

これでブルックスはようやく、「古代オリンピック」再興の夢の実現に集中できるはずだったし、国際的なスポーツ組織の編成に励むことができる身分になったといえたが、実質的な余力はもう多くは残されてはいなかった。

一八九二年九月、彼はセント・ジョージ体育会において、七千人の聴衆を前に、「古代オリンピック」への回帰を目指す試みを語り、他のどの国よりも早くイギリスが先鞭をつけたことにも言及してはいるのだが、その意欲は旺盛としても、体力的には衰えが目立った。「古代オリンピック」再興の夢は、ブルックスから次第にクーベルタン中心のものへと移っていくのは致し方なかった。

第九章　開催地をどこにするか

クーベルタン、オリンピックを提唱する

クーベルタンが初めてオリンピックについての考えを公式に明言したのは、このわずか二カ月あとのことであった。

一八九二年十一月、パリのソルボンヌ大学で彼は講演を行ったが、その機会に彼はそれを披露したのだ。しかし、その反応は彼にも意外だった。聴衆からは多少の拍手を得たものの、さして多くの支持を得たわけではなかったからだ。

それより二カ月前のブルックスの弁については、彼は何も言及しなかった。オリンピック再興という着想の先輩であるブルックスとは、クーベルタンは連絡を控え始めていたのだ。ブルックスが手紙を出しても、なかなかまともな返事は来なくなっていた。

「仕事が立て込んでいて……」というのが表向きの理由だった。たしかに、それは前の手紙にも書いてあったことだ。たまに返事が来ても、オリンピック再興についての話は一切なかった。オリンピックを実現したいという意欲は、ブルックスと同様に、彼もはっきり持っていたにもかかわらずである。

その証拠に、同じ時期アメリカのコーネル大学のアンドルー・ホワイト教授に彼が送った手

紙では、クーベルタンは次のように述べているのであった。

「私は今一つの結論に達しています。もしもオリンピック大会を復活させるなら、古代と同様に四年毎にしたいということ。現代の体育の状況を見ても、それが一番いいと思います。かつて、オリンピアにおいて、ドイツ人考古学者たちが示された大きな仕事については、貴殿もご存じでしょう。古代オリンピックを現代に再興させようという動きは、イギリスのみならず、アテネでも起きていますが、そうした仕事は、スポーツの経験もあり、学識もある人たちによって、十分に討議されて決められるべきものだと思います」

ピエール・ド・クーベルタン

まるで、ブルックスたちには経験も学識もないといっているかのような言葉であった。クーベルタンは共同して仕事を進める相棒としては、この時点ではブルックスを高くは評価していなかったのだ。

かといって、フランスによき相棒がいるわけでもなく、クーベルタンは苦悩する。フランス人のオリンピックへの関心の薄さが悩みの種だった。いくらその理想を訴えても、聴衆の反応は鈍い。拍手はあっても、中身が空虚だった。

「古代オリンピックを再興させるって？」

「選手を裸で走らせようというのか？」

「世界からスポーツマンを集めるって？　文明化されたヨーロッパのスポーツマンを、アジアやアフリカの人たちと競争させようなどと、本気で考えているのか？」

そんな声が聞こえてくる。「これでは、これから先もまだ、相当待たねばないないだろう」と、クーベルタンは思ったという。しかし、ブルックスの身になってみれば、それはもうすでに四十年も待ち続けていたことなのだった。

歩調の乱れ

ブルックスはそれでもまだ、クーベルタンへの支援の態勢を保ち続けた。彼はその後もずっとイギリスのウェンロックに住み続けるのだが、そこからフランスの関係者たちにせっせと手紙を書いては、もっとクーベルタンの計画を支援するよう訴えるのであった。

ただし、クーベルタン自身の方では、ブルックスと密接に連絡をとって共通の願いであった国際的な競技組織結成への意欲を確認し合っていたのは、実質的にはもうそれまで。このあとのクーベルタンは、ブルックスと歩調を合わすというより、むしろ、彼とは離れて自分の道を歩み始める印象がある。

これについてはさまざまな分析がある。

クーベルタンが、年齢的にははるかに上のブルックスに対して、煙たく思う気持ちを持ち始めていたのではないか。あるいは、フランスにおける自分たちの計画に口を挟まれることを恐れていたのではないか、など。また、フランスの体育組織が乱される懸念や、国際会議を成功させても、そのお手柄を彼にさらわれることを心配したのではないかと見受けられる。

事実のほどはわからないが、たしかに二人の絆は以前ほど強いものではなくなっていたことは認められる。

それともう一つ、この時期のことで書いておかなければならないのは、クーベルタンの努力に関して、奇妙なことが起こっていることだ。

それは、オリンピックを近代において再興させようという肝心な話には、多くの賛同者は得られていないのに、彼がフランスに気楽に紹介したイギリスの球技ラグビーが、そこで俄然人気スポーツとして歩み始めていることだった。

いうまでもなく、それはクーベルタンが以前ラグビー校へ行ったときに、そのスポーツの意味深さに気づいて故国に持ち帰っていたもの。当然、彼自身もプレイした。一八九〇年の時点で、ラグビーはすでに、フランスで国内選手権大会を開くほどにまで成長していた。

オリンピック話がうまくは進まないというのに、ラグビーばかりが人気を先行させてきたのは皮肉であった。クーベルタンはラグビー人気には喜びつつも、オリンピック運動にもう一つ支持者の少ないことを寂しく思った。一八九六年になって、「近代オリンピック」が始まったとき、最初の七回のうちの四回にラグビーが競技種目に入れられていたことを見ても、当時の人気がよくわかる。

ラグビー以外にもクーベルタンが導入したことがある。それはスポーツ大会を「祭典」とするための演出や式典だった。彼が主張したのは、古代のスポーツではそうした行事が欠かせなかったのだから、近代においてもそれは復活されるべきだということだった。国際大会ともなれば、選手の入場式も華やかに行われなければならないし、選手に対する表彰式も豪華になされねばならないと彼は主張した。

スポーツ行政に携わる者や教育者たちとの会合では、宴会のほかに講演や音楽演奏を提供した。クロスカントリーや漕艇大会、それにフットボール大会の折には花火が打ち上げられ、松明行列もあった。そんなことは「コッツウォルド・オリンピック」や「ウェンロック・オリンピアン・ゲームズ」でも採用されていたのだが、イギリスのことを知らないフランス人たちは、それもクーベルタンの独創と受け取り、その新奇なアイデアに驚いていた。

スローン博士

一八九三年、アメリカのシカゴにおいてコロンブスの大陸到達四〇〇年を記念する博覧会が開かれた。このとき、代表としてフランス政府に送り出されたのがピエール・ド・クーベルタン男爵だった。彼はいくつかの大学で講演した。

そのとき彼はプリンストンで大学の教授をしていた友人のウィリアム・ミリガン・スローン(William Milligan Sloane)(写真)と語り合う機会があった。当時この大学はまだニュージャージー大学プリンストン校であった。現在の校名に変えられたのは一八九六年のことである。このときの三週間の語り合いが、将来のオリンピックについてさらに大きな意味を持った。

ウィリアム・スローン博士

「古代ギリシャのオリンピックを再生させたい」

スローン博士はその意欲をとても強く持っている人だった。クーベルタン男爵より一一歳も年上だったが、自身がスポーツマンだったこともあって、その情熱は若者のようだった。クーベルタンは彼から大きな刺激を受けた。

古代ギリシャのオリンピックを再生させることによって、ヨーロッパ諸国を偏狭さから解放し世界に協調の輪を育もうというアイデアは、スローンを通じてさらに強烈にクーベルタンの胸に迫ってきた。クーベルタン男爵がアメリカとの関係をさらに深くするのは、そのためである。クーベルタンが自国フランスの人々に失望して開けていた穴を、アメリカとの協力によって埋め合わせようとしていたともいえる。

全体的にいって、ヨーロッパではスポーツへの関心はさほどではなかった。チーム・スポーツに熱心に取り組んでいる国といえば、イギリスぐらいのもの。ドイツでは器械体操、フランスはフェンシング、アイルランドやスコットランドではフィールド競技が行われているといった程度。これでは、他に頼れるのはアメリカ以外にないとクーベルタンが考えたのも無理はなかった。彼は自国の人の理解のなさを嘆きつつ、スローン教授を通して、ルーズベルト大統領を筆頭にアメリカの一般の人々の関心を喚起することにしたのだった。

クーベルタンがスローン博士から学んだことの中には、重要なことが他にもある。それは「アマチュア主義」についてだった。

オリンピックの再興となると、それをどう扱えばいいのか。オリンピックは万人向けのものとしたいが、同じスポーツをするにも、その「動機」というものは人によって異なる。純粋にスポーツを楽しむ者もいれば、それを金稼ぎの手段とする者もいるのだ。その両者を分けずに同じように扱っていいものか。

博士やその周囲の人たちは、厳格にアマチュア主義を信奉していた。スポーツは金稼ぎとは離れた「クリーンなもの」でなければならないという考えを堅持していた人たちだ。彼らとの意見交換から、クーベルタンはついに一つの結論を得た。それまでは彼もアマチュア主義を貫き通すことには多少の迷いがあったのだが、スローン博士たちとの話し合いをしたあとは、オリンピック運動のすべてにおいて、アマチュア主義が貫かれていくことになる。

また各国それぞれにオリンピック委員会というものを作ってもらい、選手をそこで選出するというアイデアも、クーベルタンはスローン博士から得たものだった。

第一回大会をどこで開くか

このあと、アメリカからフランスに帰ったクーベルタンは、耳寄りな話を聞く。

一九〇〇年にパリで、またもや万国博覧会が開催されるというのだ。五回目となるパリでの万博だが、今回は新世紀の幕開けを祝う意味がある。

それを聞いた瞬間、彼は「これだ！」と叫んだという。「オリンピックをこれに合わせるのだ！」

フランス人はスポーツに無関心だとはいっても、博覧会に多くの人が押し寄せれば、スポーツに触れる機会も増える。皆の考えも次第に変わってくるだろうし、スポーツ行事も多くなるだろう。それにつれて国民の体育への意識も上昇するに違いない。

「必要なのは、万国博覧会とオリンピックを一つにすることだ。そして、そこに多くの人々を集めることだ。外国からも多くの人に来てもらおう」

クーベルタンは一八九四年六月、再びソルボンヌで国際会議を招集して、国際オリンピック委員会（ＩＯＣ＝International Olympic Committee）設立の構想を提示した。一二カ国が参加し、ほかにも支持を示した伝言が二一もあった。

イギリスの「ウェンロック・オリンピアン協会」からも、改めてクーベルタンに連絡が入った。彼の提案への支持が表明され、ブルックスの夢は、若きクーベルタンに託されたのだ。これを受けて、クーベルタンの意欲は一層強烈になった。

そして六月二三日、ソルボンヌ会議において、ついに国際オリンピック委員会の誕生が決定した。事務局長がクーベルタンだったのは言うまでもない。この時点では、まだ会長は誰になるとも決まってはおらず、ＩＯＣ発足のための準備で先頭に立っていたのは、事務局長のクーベルタンにほかならなかった。

この国際オリンピック委員会の名誉委員の中に、イギリス・ウェンロックのウィリアム・ペニー・ブルックス医師が含まれていたのは当然なことだった。もっとも、この時期にはさしものブルックスにも老齢の影響が押し寄せていたし、加えて足の骨折もあり、会議への出席はできなかった。

オリンピックへの準備がいよいよ始まったとき、最初に問題となったのは、第一回大会の開催地をどこにするか、ということだった。当然ながら、クーベルタンはフランスのパリを主張した。

彼の頭にはパリ以外にはない。自分が築き上げてきた構想がある。おまけに、万国博覧会に合わせての開催となると、さらに大勢の観客動員が期待できる……。

しかし、何といっても第一回大会だ。開催を希望するところは多かった。スウェーデンのストックホルムもその名誉を負おうとしたし、ハンガリーのブダペストも開催の希望を示した。この機会をギリシャが見送るはずもなく、彼らは「アテネにすべし」と主張した。

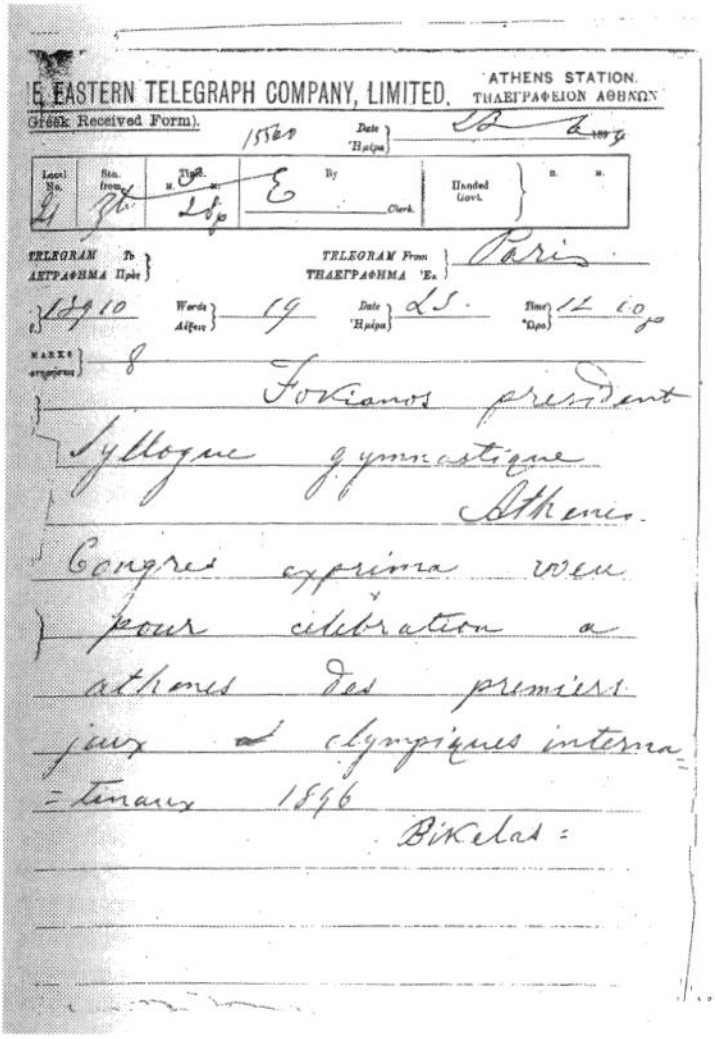
E. EASTERN TELEGRAPH COMPANY, LIMITED. ATHENS STATION. ΤΗΛΕΓΡΑΦΕΙΟΝ ΑΘΗΝΩΝ
(Greek Received Form).
TELEGRAM From Paris
Foxianos president Syllogue gymnastique Athenes. Congres exprima voeu pour célébration a athenes des premiers jeux olympiques interna=tionaux 1896 Bikelas

第一回大会がアテネに決定したことを地元に伝えるビケラスの電報（IOC“Olympism”より）

採決となったとき、クーベルタンが望んだように「パリがいい」とする意見は少ないことがわかった。かくてパリ案は消え、結局は「古代オリンピックの再興」という意味を汲んで、ギリシャのアテネに決まった。これに伴って、IOCの初代会長もギリシャのデミトロイス・ビケラス（一八三五～一九〇八）と決まり、彼の提唱で、時期も一九〇〇年ではなく、一八九六年とされた。開会まで、あと二年を切っていた。

初代会長のデミトロイス・ビケラスという人は、以前からギリシャの公教育に熱心に係わっていた人で、強い愛国心を持っていた。全ギリシャ体育協会の会長をしていたことから、IOCの初代会長とされることになったものだ。会長をクーベルタン男爵ではなくビケラスに決めたのは、できるだけ円滑に第一回大会を開き、それを成功させたいという多くの気持ちが集まっていたからといえる。

老い行くブルックス

オリンピックを一九〇〇年の万博に合わせてパリで開催したいというクーベルタンの考えは退けられた。ただ、念願の第一回大会開催への道筋が出来たことは間違いなく、クーベルタンにしてみれば、複雑な思いの中にも、ひとまずの達成感はあったと見ていいだろう。

では、ウェンロックのブルックスはどうだったか。彼はそれをどう思っていたか?

老齢に達したブルックスのその当時の気持ちを伝える書簡が残されている。極めて個人的な感情を記した手紙だ。ウェンロックの事務局が保管しているのではなく、ISOH(国際オリンピック遺産協会)が持つもの。オリンピック開催への思いの他に、クーベルタンの結婚話にも触れられていて貴重だ。あえてお許しを得て掲げさせていただく。ブルックスに対するクーベルタンの対応には変化があったとしても、逆にクーベルタンに対するブルックスの忠誠には、何の変化もなかったことが知られる。
一八九四年十二月十日のものだが、彼自身は一八九五年と書き誤っている。この日付だと、彼は死後に手紙を出したことになってしまう。

「親愛なるクーベルタン男爵様
あなた様からのお便りには、いつも私は感動いたしますが、今回も最後に書かれていたことを読んで、快哉を叫びました。ご結婚されるとの御由。私も娘も共に、お二人様が末長く、お幸せに過ごされますよう心からお祈りいたします。また、それだけではなく、貴国及び多くの他国に安寧と恩恵をもたらそうという貴殿の尊いご精進が実を結び、地上に平和と友情を推進されますことを祈っています。
ここにお願いがあります。それは、ご結婚の日を、一週間前にお知らせ頂きたいということです。といいますのは、その日には、私も親しい友人を招いて、お二人のご健康とご多幸を祈って、乾杯の宴を開きたいと思うからです。
もしもイギリスに来られるのでしたら、私共はいつでもお待ちしておりますが、できれば気候のいいときにしていただきたいと思います。もしも日付まで言えるのでしたら、七月四日にしていただければありがたい。第四五回「ウェンロック・オリンピアン・

ゲームズ」の日だからで、ティルティングの優勝者への表彰を、貴殿の奥方にお願いする名誉が得られるかもしれないからです。もちろん、日はいつであろうと、私共が貴殿をご歓迎申し上げることには違いはありません。

次の『国際オリンピアン協会』(International Olympian Association)の会報が待ち遠しい。第一回の「近代オリンピック」大会が、ギリシャのアテネで開催されることがきっと書かれているでありましょうから。

ギリシャ政府は、さぞかしこの決定を喜んでいるでしょう。参加するすべての国からの敬意と好意が、それに込められているのです。しかし、私にはもう一つの満足があります。それはフランスにおいてあなたが指導してこられた体育や競技が、温かく支持されたこと、そしてこれまでのご努力が功を奏し、国際的な組織となって他の多くの国々にも計り知れない恩恵をもたらしたことです。

ああ、あと二十年、若かったら……と思います。

もしもそうなら、私は八五歳でなく六五歳。あなたの〝副官〟の一人くらいにはなって、お役に立てたのに。

今はただ、あと少しは長生きして、あなたの愛国的、且つ人道的な試みの成功を見届けたいと願うばかりです……」

マリー・ロタンとの結婚

ピエール・ド・クーベルタンが結婚しようとしていたのは、マリー・ロタンという女性だった。もう数年も付き合っていて、彼のオリンピックへの夢も理解してくれていた。

一八九二年にピエール・ド・クーベルタンがパリのソルボンヌ大学で講演し、聴衆から冷たい反応しか得られなかったときにも、マリーは彼について行っていた。彼女は、もともとはオリンピックに関心を持ってはいなかったといわれるが、このとき、彼女は落胆するピエールに走り寄って、念を押すようにこう言って励ましたらしい。

「あの人たちは、あなたが考えていることを、まだ理解できていないのよ。少しずつ彼らの間に、あなたの着想をしみ込ませていくことが必要ね。今は彼らがどんな反応を見せようと、それはたいしたことではありません」

彼女はオリンピックそのものには関心はなかったとはいっても、苦境のクーベルタンに力を与える存在になろうとしていたことは間違いなかった。ただし残念ながら、その気持ちはピエールの両親には伝わっていなかった。

クーベルタン夫妻

いよいよ婚約ということになって、両親は猛然と反対した。彼女の実家が中流の階級だったというだけではなかった。彼女の年齢が彼より二歳上の三三歳だったこと、おまけにクーベルタン家がカトリック教徒だったのに対し、彼女はプロテスタントだったからである。

結婚を迫ったのは、彼ではなく、彼女からだったとされる。オリンピックの再興に大きな夢を描き続けていたピエールは、それ以外のことには無頓着といってよく、彼女の要求をそのまま受け入れて結婚に踏み切る。

結婚式は一八九五年三月十二日、プロテスタント式で行われた。当初二人は小さなアパートで暮らすが、三週間後にはマリーの母と共に暮らし始め、そのまま彼女の死までそこに住み続けることになる。

彼の頭を悩ましていたのは、その後もやはりオリンピックのことで、いかにしてギリシャの大会を成功させるかということに尽きた。彼女のことには、クーベルタンはほとんど気を配っていない。そして、家庭的なことはすべて放棄して夢の実現へと向かう努力の中から、ようやく「近代オリンピック」実施の動きが勢いを得るのだ。

懸命の資金集め

第一回大会の開催地がアテネと決まったのも、そして、時期が一八九六年とされたのも、ギリシャにとっては都合がよかった。ギリシャ独立宣言の七五周年に合致したものとなったからだ。

皆がそれに向けて走り始めた。しかし、いざ動き始めてみると、アテネ自体に問題が山積していることが判明した。まずは国の財政が困窮していた。国庫に余裕がなく、オリンピック開催を返上するよう国から要請される始末だった。アテネは人口十万の埃っぽい町に過ぎなくなっていた。

状況は差し迫っていた。打開策を求めて懸命の模索が展開された。競技場としては、かつてのパナシニアン・スタジアムを修復して使う予定だが、せめてその費用がほしい。もともとは紀元前三三〇年の建造だが、その五百年後に一度再建されたままなのだ。

彼らはスポンサー探しにさんざ苦労したあと、やっと一つの解決策を見る。エジプトのアレキサンドリアにいるギリシャ人の大実業家ジョルジュ・アベロフが、スタジアムの再建費用を出してくれることになったからだ。彼のお陰で、競技場は見事に立ち直った。一周三三三メートル三三という三ずくめのトラックで、カーブ部分がきつく縦長。走者は、現在とは違って、時計回り（clockwise）に走るものとされていた。

ほかにも有志の人々からの寄付もあり、加えてオリンピック記念切手が発売されたことで、やっと大会運営打開の道が開けた。入場券は一般にはかなりの高額だったが、販売をすべて前払い制にしたことも役立った。

開催は、古代の前例に従って、四年毎とすることも決定した。彼らはオリンピックを永久にアテネ開催の行事としてしまいたいと考えるようになった。

オリンピックを、あくまでもそれぞれの時代に即したものにしたいと考えていたクーベルタンは、開催地をアテネに固定させる考えはなく、あくまでもローテーションさせるつもりだったし、競技種目も柔軟に変更することを考えていた。

種目に自転車競技、体操、フェンシング、射撃などを採用。トラック競技とフィールド競技については特に優遇した。九万人もの観客を収容する大スタジアムで行われるものとしたのも、それらがイギリス人やアメリカ人に人気の高い競技だったからだ。

財政状況の好転を受けて、セレモニーも盛大に行われることになり、表彰式では、国旗がポールに掲揚されることになった。メダルも用意されたが、やはり銀（一位）と銅（二位）のみ。金メダルはなかった。

乗馬は種目からはずされた。ギリシャでは馬は少なかったし、乗る人も限られていたからだ。乗馬が種目にないことを、クーベルタンは嘆いた。

参加したのは一三カ国からの二八五名だった（三一一人説など異説もある）。ギリシャの選手が大勢を占め、その数は二三〇名に上った。地元は興奮で沸き立った。

興奮のギリシャ人たちと、不注意のクーベルタン

アメリカからは、スローン博士のプリンストン大学やハーバード大学の陸上競技選手が各数名、それに射撃手二名とボストンからの水泳選手一名が参加していたものの、その他の外国からの選手は決して多くはなかった。

ハンガリーは六人を送ってきた。イギリス経由で来た者も六名いたが、一人はオーストラリア人で、もう一人は南アフリカからの者。それに通りすがりの旅行者二名と、あとは自転車に乗ってやって来た二名だった。

最後の二人はイギリス大使館に雇われている召使だとのことだったが、彼らと通りすがりの旅行者二名を含めた四人の身元がはっきりしない。彼らが「アマチュア」であるのかどうかについて悶着が起きたが、結局は出場が認められている。のちに判明したところでは、彼らはスイス人、オランダ人、スウェーデン人、オーストラリア人各一名であった。

これら以外にも、イタリアのミラノから（練習を兼ねて）歩いて来たという青年がいたが、彼の主張する「アマチュア資格」は認められずに参加は拒否された。当時、肉体労働者は「アマチュア」の概念からは除外されていたらしいのだ。要するに、スポーツとは貴族たちのものという考えから脱却していない人が多かったのだ。

ドイツは最初、多くの競技者を送り込む予定だったとされる。しかし、クーベルタンは、ドイツはソルボンヌ大学での国際会議に代表を送ってこなかったことを取り上げて「アテネにも来ないことを望む」と言ったという噂が流れて、その予定は変更されたという。もちろん、それはデマには違いなかったが、ドイツは床体操の選手たちのみを送って来るにとどめたとされる。

イギリスからの参加が少なかったことに関しても、その責任はクーベルタンにあったと書く書物がある。“Coubertin's Olympics”（Davida Kristy, 1995）がそれで、これは彼のまったくの「不注意によるものだった」とする。それによると、彼に与えられていた任務はただ一つ。オリンピックに興味を持っていそうな国のスポーツ・クラブに手紙を出して、参加を呼びかけることだった。

ところが、クーベルタンはその連絡を「不注意にも」母国語のフランス語で出した。彼のただ一つの任務であるその仕事に、彼はミスを犯したというのだ。そのため、イギリスではその手紙はたいていが行方不明となったという。特に、スポーツ選手の多いオックスフォード大学やケンブリッジ大学に、それらが届いていなかったというのが打撃だった。

たしかに、この時期のクーベルタンには「心ここに在らず」といった風があって、その言動が理解しにくい。念願だった「古代オリンピックの復興」を果たしたのだから、もっと勇躍していてもおかしくはないのに、そうではなかった。

一体、彼に何が起きていたのか。それが気になる。

クーベルタンが、突然、日本に参加を呼びかけてくるのは、このあと三回のオリンピックを経てからのことだ。そのことに、これは直接連なっているものなのか。

大会の様子と彼クーベルタンの姿に、そのわけを追ってみたくなった。

第十章　近代オリンピック始まる

第一回大会（一八九六年）

第一回「近代オリンピック大会」は、一八九六年四月六日から十五日までアテネで開催された。ジュリアス・シーザーが定めた旧太陽暦のユリウス暦では、それは三月二十五日から四月三日のことであった。

ズバリ言って、その大会は成功だったのか、不成功だったのか。

結論を先に言えば、やはり、それは成功だったと言わねばならないだろう。いや、むしろ大成功だったと。それはある意味、まったくの幸運によるものだったと言うこともできる。

大会成功の最大の要因は何だったのか。答えは明白。マラソンを取り入れたことだった。始まりは、たしかに危なっかしいものだった。しかし、ギリシャ人たちが満足したことが、まずよかった。クーベルタンのやり方に手違いがあったとはいっても、結果として、これを成功に導いたのが彼だったことが明確になった。彼自身も喜んだはずである。

マラソンという初めての競技が、ギリシャの歴史に因んだものだったことが奏功したし、最終日のスケジュールに置いたのもよかった。劇的なフィナーレは、クーベルタンたちの予想を超えるもので、全観衆を興奮の渦に巻き込んだのだ。

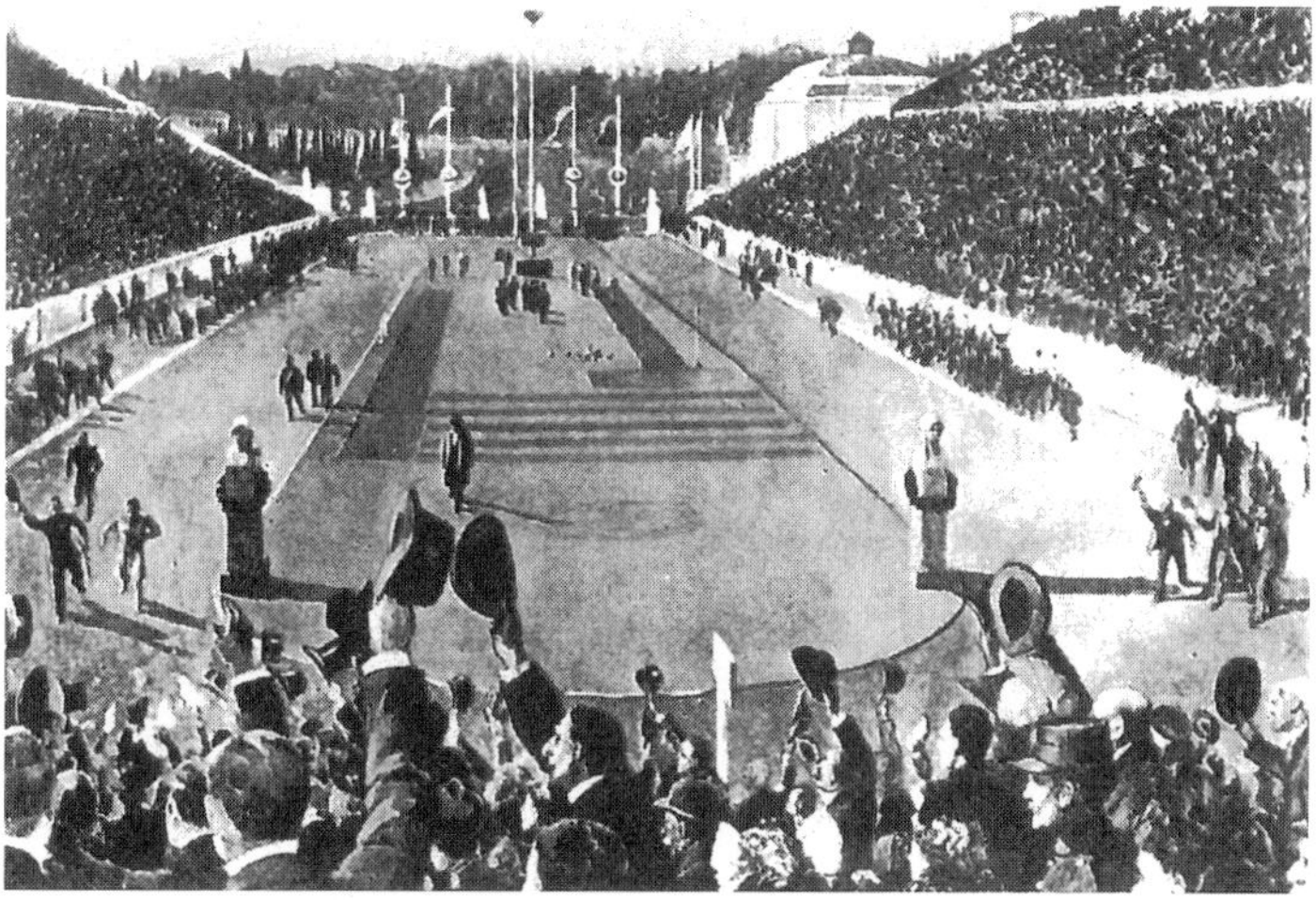

ルイス君が競技場に帰って来たときの状景を描いた絵
（"The Olympic Games in 1896" より）

それまでに、人が長距離を走るという例がまったくなかったわけではなかった。一七〇〇年代にフォスター・パウエルという六〇歳の男が、イギリスで四〇二マイル（約六四七㎞）を走ったことがあった。また一八七〇年から九〇年にかけて、イギリスでもアメリカでも、六日間に六〇〇マイル（約九六六㎞）を走破するというレースが流行ったこともあった。しかし、それらの多くは一般道路を使ってのレースではなかったし、ランナーたちも途中で長時間の休憩を取りながらのことだった。

オリンピックで初めて出現したマラソンという競技は、ギリシャの田舎道を使ってのことだった。古典主義にのっとった歴史的な味わいも特徴的だった。かつてペルシャとの戦争のとき、勝報を伝えるために、一人の戦士がマラトンの野からアテネまで走ったという故事に因んだものだったのは有名な話だ。

このドラマチックな歴史遺産をレース化して、オリンピックに採用しようと言ったのは、ギリシャ人たちではなかった。クーベルタンでもなかった。それは、言語学と神話学を専門とするソルボンヌ大学のミシェル・ブレアル教授だった。

「マラトンの野からスタートし、アテネのスタジアムをフィニッシュ点とするレースがいい」

これをすぐに採用したクーベルタンが賢明だった。

ブレアル教授は一八三二年、ドイツ南東部バイエルンの生まれの人だった。フランス系ユダヤ人だったといわれる。五歳のとき、父の死により、フランスに移った。数カ国語に通じた彼は言語学に興味を持ち、のちに神話学へと関心を広げた。古代ギリシャの文化にも造詣を深め、オリンピック関連の会議にもよく出席したことから、ピエール・ド・クーベルタン男爵と知り合っていた。

マラソンの成功

クーベルタンは初めから狙っていたのだ。

その狙いとは、オリンピックの人気を、第一回から一気に高めたいというものだった。それには、「これまで誰も見たことのない種目を入れて、皆を驚かせるのが一番だ」ということはわかっていた。しかし、そうはいっても、そんな競技がおいそれと見つかるものではなかった。思いつくものは、たいていどこかで行われていたものだった。

そんなとき、一つのアイデアとして教えてもらったのが、マラソンレースだったという次第だ。ソルボンヌ大学のミシェル・ブレアル教授のアイデアとクーベルタンの意図が見事に合致したわけだ。

彼の意見をすぐに取り入れたクーベルタンの決断に、私たちは敬意を払わねばならないとは思うが、この教授のことがもっと一般に知られるべきだとも私は思っている。地元ギリシャの歴史にまつわる故事をレース化した彼の炯眼あってのことだからだ。

ギリシャ人たちは、誰もがこのマラソンレースをオリンピックの中核と受け取った。多くの女性たちが教会へ行って、ギリシャ人選手の優勝を祈ったという。クーベルタン自身だって、オリンピックの成功を考えればギリシャ人が勝つことを最善と見て、その勝利を神に祈ったと白状している。ただし、有力選手にはオーストラリアやアメリカの選手の名が挙げられていたこともあって、「われわれ（関係者）の間では、ギリシャ人が勝つと信じている者は一人もいなかった」とも言っている。

四月十日、金曜日。マラソンに参加した人数は、資料によって異なる。一六名だったとするものもあれば、一七名とする書物もある。ギネス本（"The Guinness Book of Olympics Facts & Feats"）では二五名になっているし、ギリシャ人以外の選手は四人に過ぎなかったとされている。選手たちは、前日のうちに、マラトンまで馬車で送り届けられていた。起伏の多い難コースだった。医師たちも車で付き添ってのレースだった。始まってみれば、ギリシャ選手たちの奮闘は凄かった。強いとされていたオーストラリア選手やアメリカ選手を尻目に、四人のギリシャ選手が先頭を占めていた。途中の順位などは、馬で先行する者によってロイヤル・ボックスの王にまず知らされ、そこからスタジアム全体に伝えられた。

ルイス選手の優勝

落伍者が続出する中、先頭で競技場へ帰って来たのがギリシャ人青年だったから、スタンドは全員総立ちとなった。一番乗りは、田舎に住む羊飼いのスピリドン・ルイス君だった（スピリドンではなく、別の名で書かれているものもある）。彼は国内予選では五位で、特に期待されていたわけではなかった。

スタジアムに飛び込んできた彼の姿を見た瞬間、見物席にいた皇太子も皇子もスタンドから急いで下りていき、大歓声の中、最後の二〇〇メートルを彼と併走した。続いて入ってきたのが、ギリシャ国内で一位だったバシラコス選手。彼はその前日に、同じコースを「練習」と称して走っていた。途中でコーチがその無謀に気付いて引き返させたが、実力が一番の彼のことだ、それがなければ優勝していただろうと噂されたのも当然か。

オリンピック最終日のその日まで、ギリシャはたいした成績を残してはいなかったから、マラソンでの快挙を見て観衆が興奮したのも無理はなかった。トラック競技、フィールド競技はアメリカの独壇場で、地元民は悔しさを膨らませていたのだ。

なお、三番手でスタジアムに戻って来たのもギリシャ選手のベコラスだったが、途中で車に乗っていたことが判明して、資格を次のハンガリーの選手に譲った。しかし、そんなことはギリシャ人の興奮に特に水を差すものとはなっていない。

優勝したスピリドン・ルイス選手（写真）には、物品やサービスの提供話が舞い込んだ。貴金属を差し出す婦人たち、小切手を切る金持ち、一年間の食事の権利を差し出すホテル、生涯の無料権を与える床屋、カフェ一軒を譲渡しようという店主もあった。当時アテネで最も美しいとされていた女性（「Y嬢」）は、勝者がギリシャ人ならその人と結婚するとまで公言していた。

中央の白服を着ているのがマラソン優勝者のスピリドン・ルイス。その左の白帽の少年が皇太子。さらにその左のグレーズボンの男がオリンピック初金メダルのコノリー

これらに対するルイス選手の反応は？

彼はこれらすべてを断ったのであった。

どんな要求も叶えてくれそうな状況の中で、彼が求めたのは何だったのか。それは、馬一頭と荷車に過ぎなかった。彼の村の人々の最もほしがっているのが水。近くの水汲み場から村にそれを運び入れる方法に困っていたからだ。

他の一説によれば、彼が望んだのは馬や荷車といった具体的なものではなく、水を汲む権利だけだったとするものもある。いずれにせよ、水の確保を村にもたらしたことは同じで、勝利の余禄を彼個人の私欲に供していないところが、人々の心を打った。

この話は彼の人柄を伝えるものとなって、人気はさらに高まり、同時に競技としてのマラソンへの興味も高まっていったのだった。このあと、マラソンがオリンピックの中心的な話題となっていく最初の理由を、私たちはここに見ることができる。

「ルイスは二度勝利した」

実は、事情が判明するまで、彼のことが様々に噂されていたのだ。マスコミというものがない当時のこと、無責任な噂話やデマが乱れ飛んでいた。流される情報に規律がないのである。酷いのになると、彼がマラソンであれほどまでに頑張ったのは、獄中にいる兄を恩赦で出したいからだ、というものさえあったといわれている。「そもそも、私には兄などいない」という本人の答えでこれは消えているが、当時はそれほどの作り話がまことしやかに伝わっていたらしい。

そうした誤った評判のあとに判明したのが彼の謙虚さだったから、余計にルイス選手の株が上がった。マカルーンによるクーベルタン男爵の伝記 “This Great Symbol” では、「ルイスは謙虚さによって二度目の勝利（second victory）も得たのだ」と書いている。その二度目の勝利は、「すでにレースによって彼が勝ち取ったもの以上の、より一層偉大な勝利だった」とまでいうのだ。

スピリドン・ルイス選手のマラソンにおける優勝が、いかに大きな出来事だったかは、もう一人のメダリストの書いたものからも知られる。

メダリストとはいっても、もちろん、マラソンに出ていた選手ではなく、三段跳びで優勝した人だ。オリンピックの歴史上、最初の優勝者となったのが実はこの選手。アメリカのジェイムズ・コノリーだった。

彼の人生もまた波瀾万丈。その人生を語るとすれば、優に一冊の本になるが、ここでは略記による紹介にならざるを得ない。第一回近代オリンピックがアテネで開かれると聞いたとき、彼はハーバード大学の学生だった。どうしても参加したいと思った彼は、八週間の欠席を許可してもらうことを求めたが、運動部長に拒否される。

それどころか、「三段跳びをするためにわざわざアテネまで行くのか」と馬鹿扱いを受けた。

出場するためには退学して行くしかなく、彼は大学をやめた。国代表の選手ではないので、仲間からカンパを集めて船に乗ってアテネを目指したものの、途中、イタリアのナポリでチケットなど一切をすられてしまい困窮した。警察も頼りにならないとわかって、自分で犯人を探し、出航ギリギリに船に戻った。

知らされていた競技日程がユリウス暦（一年を三六五・二五日とする）によるものとわかったのはアテネに着いてからで、混乱を味わう。開会までに十二日の余裕があるはずだったのが、翌日がもう開会だった。競技場へ行ってみてわかったが、跳び方にも問題があった。彼は伝統的なホップ・ステップ・ジャンプで練習してきていたのだが、ここでの跳び方はホップ・ホップ・ジャンプとされていたのだ。幸い、彼の順番が最後だったので、その間に練習して跳んだ。記録は一三・七一メートル。彼の最高記録には及ばなかったが、それでも優勝。オリンピック史上初の勝者となった。

大学へ戻れない彼は、船乗りになり世界を巡るが、のち作家となって本を出した。それが『或るオリンピック勝者　近代ゲームの物語』（"An Olympic Victor : A Story of the Modern Games", 1908）である。

『或るオリンピック勝者』

その題名を見れば、誰だって、「それは自分のオリンピックでの優勝のことを書いたのだ」と思うだろう。ところが、そうではない。『或るオリンピック勝者』といっても、三段跳び勝者の自分のことではなく、それはマラソン勝者のスピリドン・ルイス選手の話だった。小説仕立てとはいっても、そこに書かれているのは大会の実際の様子だろうし、ルイス優勝の状況なども具体的にわかり、面白い。やや勿体ぶった書き方で、読み難くはあるが、内容は貴重だ。

コノリーがこの本を書いたということは、マラソン勝者の話の価値は自分など三段跳び勝者のそれとはまったく違うものだったと証言しているようなもので、実際にそのとおりだったのだ。前掲のマカルーンによるクーベルタン伝記にも、「クーベルタン以外の人物で、近代オリンピックを創り上げたといえる人がいるとすれば、それはこのルイス選手だと言っても過言ではない」とある。

彼の優勝はそれほどの効果を、オリンピックの歴史に与えたのだ。このことは、そのあとのオリンピックを見てもたしかにそうだし、私たち日本が初めて参加したときも、出場したのがマラソンと短距離だったことにも連なる話なのだ。

第一回「近代オリンピック」がマラソンレースの採用で成功したことの影響は、他の国々にも見られる。

アメリカチームの選手でボストンから来ていたランナーたちは、帰国したあともレースでの興奮から醒めやらず、翌年から自分たちでマラソンをし始めた。いうまでもなく、それが今も続いている「ボストン・マラソン」だ。ほかにもその後の三年間にマラソンレースを開始した国は八カ国を数える。オリンピックは四年に一度しか開催されないが、各国での大会は毎年の行事となったため、ますますその熱気が高まるところとなった。

忘れてはいけないので、ここでイギリス・ウェンロックのウィリアム・ペニー・ブルックスのことにも触れておく。第一回「近代オリンピック」のとき、彼は一体、どうしていたか。残念ながら、彼はその開催までは生き長らえることはできなかった。アテネ大会まであと四カ月という時期に力尽き、八六歳で彼はこの世を去っていた。

第二回大会、第三回大会

第一回のアテネ大会が大成功に終わったことで、ギリシャ人たちは大いに自信を得たのだろう。彼らは将来的にもオリンピックを続けて開催する権利を主張するようになった。ギリシャで開催してこそのオリンピックだというのだ。

開催は都市を巡るローテーション式にすることを計画していたクーベルタンは、彼らとの意見の違いに苦しんだ。第一回の開催地はアテネに譲った。次は何としてもパリで開きたい。二度も続けて他の都市に譲るわけにはいかない。一九〇〇年のその年には、ちょうどパリ万国博もある。彼は最大の力を発揮して、たしかにパリ開催を決定させた。

しかし、ここにおいてもまた、彼は重大な失敗をしてしまう。前回のアテネ大会でも彼の仕事にミスがあったが、今度のことはもっと大きかったかもしれない。

万博と結びつけることで、オリンピックをより盛大にしたいという彼の狙いは、実施に持ち込みはしたものの、内容的には不発に終わったからだ。参加国は二〇。参加者は一〇六六名と、数字上の進展はあったし、女子がテニスで初めて参加するなど新しい話題もあった。しかし、大会運営では問題が多かった。

第２回大会の綱引き風景

パリ万博は、五月の末から十月の末まで開催された。オリンピックはその影の存在になってしまって、一向に盛り上がらなかった。それは国際的な競技大会というよりも、万博に付け足されたサイドショーに成り下がってしまったのだった（写真）。

マラソンでは、パリ生まれのパン屋の息子テアトー選手が優勝したが、自分が出場していたのが「オリンピック」だったと知ったのは、一二年も経ってからだったという。彼には勝負のあとにも噂は残り、パンの配達で街中の抜け道を知り尽くしていたために勝てたのだとされるという尾ひれまでついた。

大会のメイン競技場として使われたパリ市内のポア公園運動場は、土地が平坦ではなく、じゃまな樹木もあって、選手たちに不評だった。競技種目を増やしたことが、混乱を大きくしたとの意見もある。また、勝者たちへのメダルが表彰式には間に合わず、その後しばらくしてから届けられることになった。このような状態では、大会が新聞などのマスコミで大きく取り上げられることもなかった。

第三回大会（一九〇四年）は、アメリカでの大会だった。

開催地は、初めはイギリスの都市とされ、次にアメリカのフィラデルフィア、さらにはクーベルタンが主張するニューヨークに決まりかけたが、最終的にＩＯＣが決めたのはシカゴだった。

しかし、ここにおいてもまた、時のアメリカ合衆国大統領セオドア・ルーズベルトが異を唱えてセントルイスを主張。結局は彼の意見がものをいった。「アメリカ合衆国オリンピック委員会」の名誉会長というのが、彼ルーズベルトだった。

セントルイスに決まった理由というのが、前回と同じくそこで開かれる「万国博覧会に合わせて」というものだった。そしてオリンピックは今回もまた、万博の付属物のようになってしまうのだ。

セントルイスはアメリカのほぼ中央に位置するため、合衆国内からの参加者が多く、外国勢は少なかった。参加選手六二五人中、五三三人アメリカ人。メダルも二八二個中の二三八もが彼らのものだった。それは、オリンピックとはいうものの、実質的にはアメリカの大学及び体育クラブの競技会といった方がよさそうな大会だったとされる。

呼び物のマラソンでは、八月の炎天下ということもあって、棄権者が続出。参加三二名中、無事にゴールしたのは一四名にとどまった。アメリカのローツ選手は一五キロ地点で落伍して、自動車に収容された。しかし、この車がゴールまであと一〇キロというところで、エンジン故障で止まってしまった。すると、ローツ選手は突然車から飛び下りて再びコースを走り始め、そのままゴールイン。役員も観衆も彼を勝者として迎えたが、インタビューなどを受けているうちに本物の先頭走者が到着した。同じアメリカのヒックスだった。彼は付き添いのコーチからの気付け薬を度々もらっての走破だった。当時はまだそれは禁止とはなっていなくて、問題にはなっていない。

中間大会、第四回大会

一九〇六年、オリンピックの中間大会というのが開催された。場所はアテネだった。

先述のとおり、もともとギリシャ人には、オリンピックの開催地を永久に母国のものにしておきたいという要望があった。加えて、一九〇六年はオリンピック復興の十周年という理由もあって、これが行われることになった。期間は四月から五月にかけて。参加国は二二。フィンランドやノルウェーも参加した。ギリシャ皇帝がこの大会にかけた熱意は大変なもので、大会の開会も彼が宣言。各国からの多くの貴賓が来臨した。

クーベルタンはこの中間大会には終始反対を表明している。オリンピックは四年毎に場所を換えて開催されるもの、という主張からだ。四年毎の大会のみが正当なもので、中間大会はオリンピックの回数に数えないことを彼は希望した。ギリシャはあくまで中間大会の制度に固執し、一九一〇年にも開催を主張していたが、肝心のギリシャの国内事情が悪化して、この制度は成立しなかった。

第四回大会は一九〇八年、ロンドンでの大会だった。

この大会については、特筆すべきことが二つある。一つは、マラソンの距離として今も残る四二・一九五キロという数字の起源がここにあったことだ。

そして、もう一つは、「オリンピックで重要なことは、勝つことではなく、参加することである」というあのオリンピックのモットーとされる言葉が、この大会で生まれていることだ。それは予測せざる一件のあと、ある教会で述べられた言葉であって、これもまたクーベルタンのものではなかったことにも注目せねばならない。

開催地は当初、イタリアのローマに決まっていた。しかし、会期や経費の問題で彼らは辞退。そのため、ロンドンへと変更になった。このときも、競技場の近くで開かれていた英仏博覧会からの支援を得て、何とか彼らは競技場の設備を整えた、というのが実情だった。

入場式では新しい方法が取り入れられた。各国の選手が自国の国旗を掲げてＡＢＣ順に行進することになったものだが、独立直後のフィンランドや英国自治領のオーストラリア、カナダ、南アフリカなどは、政治的背景を考慮して、近隣の国に続いて登場した。

また、アメリカ国旗やスウェーデン国旗が開会式で掲揚されないという失態もあった。正式種目だった綱引きでもアメリカは不利な判定を受けたが、陸上競技ではさらなる問題が発生したのは、あとの話にあるとおりである。

マラソンの距離については、最初は約二五マイル（約四〇㎞）のところにすることになっていた。ところが、それならば、スタート地点をウィンザー城として、ゴールはそこから正確に二六マイルにする方がいいという意見が出て、それに決まった。

これに異論を出したのがメアリー王女だった。彼女はスタートを自分の部屋の窓のすぐ下からにしてほしいと要求。その窓までの分が加算された結果が二六マイルよりやや増え、メートル法にして四二・一九五キロになったのだとか。これが国際的な基準になったのは、その一六年後だった。

この大会でのマラソンは、猛暑の中で行われた。満員のスタジアムに最初に入ってきたのは、イタリアのドランド・ピエトリだった。彼は最後の一周で五回も倒れるほどに疲れていた。その度に役員が走り寄って、手助けした。フィニッシュ・ラインを越えるのも、役員に抱え上げられてのことだった。結局、ピエトリは失格となり、二番手で入ってきたアメリカのジョニー・ヘイズの優勝となった。

THE IMPORTANT THING IN
THE OLYMPIC GAMES IS NOT
WINNING BUT TAKING PART.
THE ESSENTIAL THING IN
LIFE IS NOT CONQUERING
BUT FIGHTING WELL.
BARON de COUBERTIN

「勝つことではなく参加すること」もクーベルタンの言葉とされてしまっている。“The British Olympics” より

「勝つことではなく、参加すること」

有名なこの言葉の発端は、四〇〇メートル競走の決勝にあった。

アメリカは三人の選手を送っていたが、イギリスからはウインダム・ハルスウェル選手ただ一人。先頭争いは激しかった。

最後の直線コースへと出たところで、三番手の位置にいたイギリスのハルスウェルが、外側から一気に前の二人のアメリカ選手を抜こうとしたそのとき、予期せぬ出来事が起こった。

突然「ファウル！」の叫び声が聞こえ、十人ほどの審判が競技場に飛び出した。トラック内でいったい何があったのか。

アメリカ選手カーペンターが、肩で妨害してイギリス選手に抜かせまいとしたとの判定が出されたのだ。決勝点では一人の審判がテープを切り落としたから、走者がやって来たときには誰が最初かも一切不明。事態は大混乱となった。

この混乱をただす方法はただ一つ。レースをやり直すことだとされ、結局レースはもう一度、その週の最後に行われることになった。しかし、アメリカ選手は全員が棄権。イギリスのハルスウェルだけが一人で走って優勝となった。

これが、歴史的に意味を持つようになったのは、実はこのあとの一件による。レースのあとの日曜日（七月十九日）、アメリカチームはセント・ポール寺院での礼拝に集まった。そのとき司祭は目前にアメリカ選手たちがいるのに気づいて、説いたことに意味があった。彼は、こう言ったのだ。

「オリンピックで重要なことは、勝つことではなく、参加することである」

その司祭は「ペンシルベニアの司祭」というだけで、誰だったのかは長く不明とされていたが、現在では、中央ペンシルベニア教会のエチェルバート・タルボットだったと判明している。

この言葉に感激したクーベルタン男爵は、他の席での自身のスピーチにこれを引用した。そして、そのあとに、次のように付け足したというのが真相だ。

「人生で最も重要なことは、勝利者であるかどうかではない。その人が努力したかどうかである。堂々と奮闘することである」

一九三二年、これがロサンゼルス大会の男子選手村のラウンジに、クーベルタン男爵の名と共に掲示されたことによって、一層有名になった。今でもこれはオリンピック精神を象徴するものとされてよく用いられるが、その根源もまたピエール・ド・クーベルタン男爵ではなかったのだ。

オリンピックのモットーの真実

これで、普通オリンピックのモットーとされている言葉の三つが、ピエール・ド・クーベルタン男爵以外の人物によって初めて発せられたものだということになる。

重要な話なので、まとめて整理しておく。

・「健全な肉体に、健全な精神が宿らんことを」（"Mens Sana In Corpore Sano"）は、リバプールのジョン・ハリーがみずからのスポーツ・ジムに掲げていたものだったし、一八六二年のリバプール・オリンピック・フェスティバルのポスターにも書かれたものだった。なお、「宿る」と断定的に訳すのは間違い。

・「より速く、より高く、より強く」（"Citius, Altius, Fortius"）は、一八九四年のオリンピック委員会にクーベルタン男爵によって提示された。しかし、それは彼の言葉ではなく、親交のあったフランス人神父ディドンが、ルアーブルの高等学校で生徒たちに与えた言葉だった。これが実際にオリンピックで使われたのは、一九二四年のパリ大会でのことだった。

・「オリンピックで重要なことは、勝つことではなく、参加することである」という有名な言葉は、一九〇八年の第四回ロンドン大会で生まれたものだった。発言したのは、中央ペンシルベニア教会のエチェルバート・タルボット司祭。判定に抗議し、再レースを棄権したアメリカの陸上チームを諭す言葉だった。

さて、このあとの第五回大会が、日本初参加のストックホルム・オリンピックである。マラソン選手金栗《かなくり》四三《しそう》がレースの途中で突然消えるというドラマはこのときに起きるが、そもそも、この第五回大会に日本が招かれて参加していたというのはなぜだったのかが、すでに謎だった。

第十一章　クーベルタンはなぜ日本を招いたのか

クーベルタンの胸には何が

一九一二年の第五回オリンピックこそが、日本人が初めて参加した大会だった。場所はスウェーデンのストックホルム。参加とはいっても、選手はわずかに二名。短距離の三島弥彦《みしまやひこ》選手とマラソンの金栗四三選手だった（写真）。

日本にとっては、単に初のオリンピック参加というだけの話ではなかった。選手を国際的な競技会に出すのも初めてなら、マラソンなどという種目も初めてだった。

そもそも、そのとき日本選手がそれに参加していること自体が不思議だった。選手をそんな大会に出すほどの組織が、それまでに国内にあったわけではなかったからだ。国の代表選手を送り出すことが決まってから、あわてて体育協会というものが組織されたのだから、順序が逆であった。このとき、どうしてクーベルタン男爵が、国際的な競技会に出てきたこともなく、どの程度の選手がいるのかもよくはわからない日本という国にオリンピックへの参加を呼びかけてきたのか。これは、よく考えてみる必要がある。

「ピエール・ド・クーベルタンにしてみれば、長年苦労して計画し、ようやく発足させた「近代オリンピック」である。ギリシャのアテネを皮切りに、第四回まで継続してやってきた。その第五回を前に、彼は何を考えていたのだろうか。

それまでの大会の様子、そのときの彼の思いを想像することは、さして難しくはない。判断の材料はたくさんあるからだ。

結論からいって、このときクーベルタンは強い落胆、苛立ち、不満に襲われていたのではなかったろうか。彼が実現しようとしてきたことと現実との落差に、彼自身が深く苦悩していたのではないか。そうした落胆や不満からの打開策を、彼は日本に求めていたのではなかったかと思われるのだ。

スウェーデンの「オリンピック・マラソン・パビリオン」に展示されている金栗選手の写真。右はひ孫の蔵土義明氏

彼の不満は、第一回のアテネ大会の初日からすでに始まっていた。一八九六年四月、最初のオリンピックの式典に出席するためにクーベルタン夫妻がアテネに着いたときから、彼の落胆は始まっていたと思われる。式典プログラムのリストには、もちろん彼の名前はあった。しかし、その肩書は「国

際オリンピック委員会事務局長」ではなかった。「近代オリンピックの父」でもなければ、「古代オリンピックの再生者」でもなかった。それはただ「ジャーナリスト」と記されているのみだった。

当初、IOCを立ち上げる準備を彼が始めたとき、会長はまだいなかった。彼が事務局長として指揮をとっていたのにである。そのあとの発会式で、初代会長を全ギリシャ体育協会長のデミトロイス・ビケラスにしたのは、あくまでもギリシャでの第一回大会を成功させるための手段だった。その大会が終わった直後にクーベルタンが二代目の会長になっていることからも、それは察知できる。それにしても、このとき、第一回のオリンピック大会におけるクーベルタンの資格が、ただの「ジャーナリスト」だったというのは酷い話である。

クーベルタンの苦悩

どうしてクーベルタンは、そんな冷遇を受けていたのか。

第一回大会の開催地を決める会議で、彼がパリを主張して負けたことが、彼の立場を悪くしていた。開催年度のことでも彼の意見は通らなかった。

その結果、主導権はすっかりギリシャ人たちの手に渡ってしまい、クーベルタンの手を離れた様相になっていたのだ。命令系統にも混乱があり、滑らかな運営が出来なくなっていた。

最初の開催地がアテネに決まってからの、彼への逆風に苦悩するクーベルタンは、この時期のギリシャ人たちとの微妙な関係について、回顧録（"This Great Symbol"）の中でこう述べている。

「彼ら（ギリシャの関係者たち）は成功を確信していて、もはや私を必要とはしていないのだった。主導権を持つ彼らにとっては、私は『異国人に自分の存在を見せつけようとする侵害者』でしかなかったのだろう。この瞬間から、オリンピック再興について、私の名前が出ることはなくなったし、フランスが果たしたことの記憶は消し去ろうというのが、彼らの務めとなったようだ。一年前、オリンピックという新たに出現した仕事で私が呼び集めた人たちも、たいていは私と会うのを避けるようになり、会っても私に気づかないふりをするようになった……」

第一回大会から見られた彼の不注意やうっかりミス、気乗りのなさの根源が、そんなところにあったとしても、おかしくはない。

オリンピック開催の権利を獲得したあとのギリシャの偏狭さには、クーベルタンもなす術はなかった。それは至るところで噴出していた。オリンピック大会を「永久に」ギリシャで開催するものとしたいという彼らの主張には、クーベルタンは呆れるばかりだった。

「次の大会も、何としてもギリシャで」という彼らの強い要求に対してクーベルタンは、十年後に記念の「中間オリンピック」を認めることで一応は静まらせてはいたものの、ギリシャ側がオリンピック開催の永久的権利を諦めてはいないことに、クーベルタン自身、悩みを深くしていた。

偏狭さに凝り固まっていたのはギリシャだけではなかった。ドイツもまたそうであった。アテネまでやって来て大会に参加したのはよしとしても、彼らは他の国からの者とは交流せず、国際親善などは眼中になかった。もともと彼らは英国系のスポーツをよしとはせず、器械体操などを好むのみだったが、大会は彼らのその傾向を改めて広く知らしめる結果を生んだ。

それは次なる問題を生んだのだったが、大会が「失敗」であることを帳消しにしたのが、マラソン競技だった。ギリシャ人選手たちによる望外の好成績が大会を盛り上げたのが原因である。そのために、大会全体が大当たりだったと見えるのは、まったくの幸運だったと言うほかない。

このように見直してみると、第四回までのオリンピックが、ことごとく失敗だったことに気付く。一般的なオリンピックの歴史を読むだけではわかりにくいが、クーベルタン自身の気持ちになってみれば、それらは最初の理想から遠く離れた「予定外」と呼ぶべきものだったことが知られる。

失敗の連鎖

すでに述べたように、第二回のパリ大会も、第三回のセントルイス大会も、決して成功ではなかった。そして、第四回大会で明らかになったのが、イギリスとアメリカの対立だった。例の四〇〇メートル走決勝での一件も、アメリカに勝たせたくなかったイギリス人審判の偏った判断によるものだったとされる。

クーベルタンはイギリス・スポーツ界の人たちを、あまりにも高く買いかぶっていたのかもしれない。競技における審判のすべてを、彼らイギリス人に一任してしまったのが問題だった。イギリスには陸上競技の大会だけでなく、フットボールの大会をはじめ、ヘンレー・レガッタやダービー競馬などがあり、大きなスポーツ・イベントの運営には慣れている。このような理由で、競技の判定はすべてイギリス人に任せて大丈夫とクーベルタンは判断したが、結果を見るかぎり、その想定が裏目に出たのだった。

たしかに、ギリシャもギリシャなら、イギリスもイギリスだったし、アメリカもまたそう。程度の差こそあれ、同様のことはどの国にもあり、各参加国それぞれの国家主義、偏狭さ、協調心のなさに、クーベルタンは飽き飽きし、辟易した。理想を実現させることなく大会を四回まで重ねてきて、いよいよ深く落胆しているクーベルタンの姿を見逃してはならない。なぜなら、そこに日本への参加呼びかけの動機が隠されているのだから。

理想として初めに掲げられていた平等主義、スポーツによる平和と友愛の涵養、真の国際主義への飛翔……。これらがあっさりと否定されただけでなく、むしろ大会それ自体が国々の偏狭さと国家主義を煽る結果に陥っていることに、彼は絶望を味わった。

国々の選手が集まって親睦を深めるかと期待していたら、まったく逆の状況の誕生を見たクーベルタンが、そのとき何を考えたかは容易に想像できる。

ショックの大きさに、彼は当面は表舞台から身を引いてさえいる。彼は現場を離れて著作に打ち込むようになり、多くの論文を発表し始めた。彼は実践家というより理論家になりきっていた。

事態を切り開くのが容易ではないことは、彼自身が一番よくわかっていただろう。今までのような手段では、決して解決できないということも明らかだった。しかし、何とかしなければならないということには間違いなかった。

もとより、スポーツは心身を鍛えるものであると同時に、国際的に友好を促進するものでなければならないと考えていたクーベルタンは、参加国をもっと多くしたいと思っていた。ならば、新たに参加を要請する国に新鮮な助力を期待し、将来への指針としたいと考えたのは当然ではなかったろうか。

ただし、新たな道といっても、余程の国でなければそれは出来ないし、そこには余程の人物がいなければならない。旧態依然たる欧米の価値観に頼らず、まったく違う精神性をもって指し示してくれるそんな国、そんな人物が欧米以外で見つかるか。それぞれの国が陥っている対立と偏狭さを「中和」させてくれる国はないものか。

そこで導き出されてきたのが「和」の国・日本だったのではないだろうか。

ちょうど、第一回大会をマラソンという新競技の導入で成功への道を切り開いたように、誰もが想像していない東洋からの参加国として、日本を招くという思い切った手を、クーベルタンはここで打ったのだと私は考える。

理由になるべきことに、日本はこと欠かなかった。日本には国としての長い歴史があったし、知恵の蓄積もあった。人物的にも、そこには嘉納治五郎《かのうじごろう》という傑物のいることを、クーベルタンは知っていたに違いなかった。

第５回大会では各参加国向けのポスターが用意された。これは日本向けのもの。全てのポスターがスタジアムに保管されている

クーベルタンからの誘い

明治四十五年（一九一二年）、スウェーデンのストックホルムで開かれる第五回

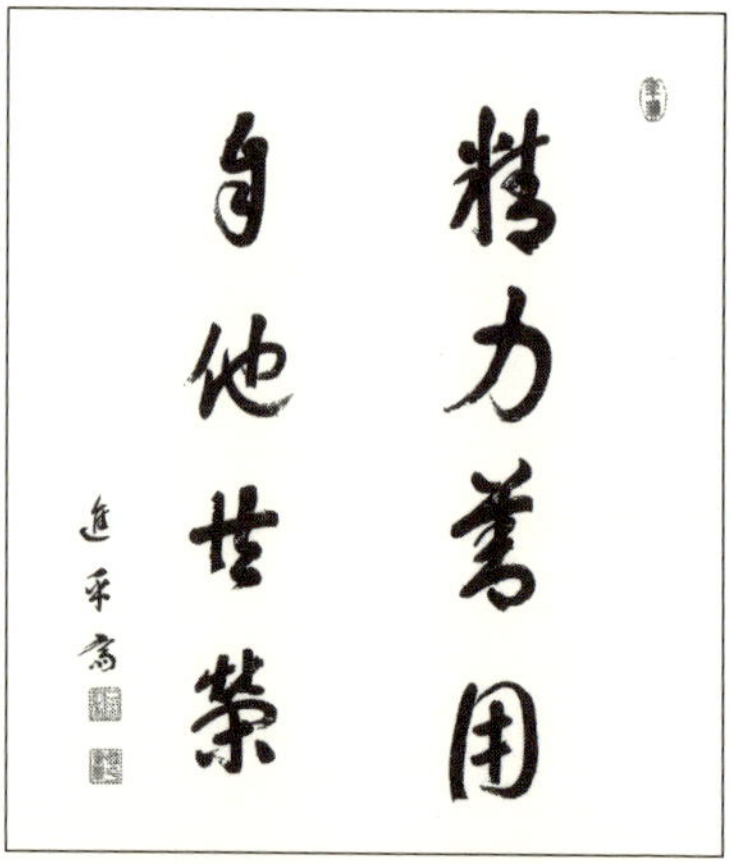

講道館に掲げられている色紙より

の大会に、日本からも選手を出すようにと、会長クーベルタン男爵からも、また当時の日本駐在スウェーデン代理公使サリン氏からも、しきりに勧誘を受けた——という話が『嘉納治五郎著作集三』にある。

　これを見ても明らかなように、国際オリンピック委員会への加入は、クーベルタンから直接勧めてきたものであって、嘉納治五郎自身からの申し入れではない。明らかなのは、クーベルタン男爵は四回のオリンピック大会実施のあと、よほど大きな不満を感じ、打開の策として日本に声を掛けてきたということだろう。

　そうするまでに、クーベルタンは嘉納のことを、外務省を通じるなどして、いろいろと調べたという。おそらく、嘉納の経歴や職歴の上に、人物やその人生哲学までを見ていたであろう。その上で、人物・識見ともに文句なしとして、彼が選ばれたのだ。その選択は見事であったといわねばならない。

　おそらくクーベルタン男爵は、嘉納治五郎という人物を調査してみて、彼の理念である「精力善用」「自他共栄」に触れていただろう。そして、自分の考えとの共通点の多さに驚いたのではなかったろうか。

クーベルタン男爵も同じ考えを持っていて、彼はそれを“respect mutuel”（相互敬愛）という言葉で表している。嘉納のいう「自他共栄」とは、文字は違っても、中身は違わない。彼が嘉納治五郎のことを最も深く理解していただろうと私が思ったのも、そういう意味からだった。クーベルタン男爵と嘉納治五郎とは、出会う前から、すでに互いを十分に理解し合っていたといえるだろう。

思えば、クーベルタンはさまざまな国から、それぞれの長所をとってオリンピックに組み入れてきた。それが今度は日本だった。彼のことがオリンピックの「発案者」「創始者」とされるより、「まとめ役」（organiser）だったとされることが多いのも、そのせいだろう。

英国の「コッツウォルド・オリンピック」や「ウェンロック・オリンピアン・ゲームズ」からは、参加者の平等などを学んだ。「リバプール・オリンピック・フェスティバル」からは、開催地を移動させることでの発展とアマチュアリズムの重視を見た。

アメリカからも多くを学んだ。スペクタクル（見せるもの）としてのスポーツのあり方を知ったのは、アメリカの大学競技会からだったし、各国にオリンピック委員会を作らせて、そこで選手の選抜をしてもらう案もそこで得た。

ロンドン大会では、審判に過剰な権限を与えることの不備を学んだ。剝き出しのナショナリズムには、フェアプレイの精神も間に合わない現実があった。その果てに、顕著となってきたエゴの衝突を中和させ、新気の風を吹き込む国として、クーベルタンが日本に期待したのも当然だったと言える。

一口に近代オリンピックといっても、その始まりと日本初参加までに、これほどのドラマがすでにあったことを、まずはおわかりいただいて、そして金栗四三選手の奮闘と、さらには個人的失敗を国益に昇華させた彼の努力の道程を、ゆっくりと辿っていくことにしたい。

それはまさに嘉納の提唱するところの精神に一致した見事な結末を生んだのだったが、それについてはレースそのものの様子や、その後の処理に示された人間性がメイン・テーマとなるため、巻を改めて述べることになる。二〇二〇年の東京オリンピックにも連なる、とてつもなく大きなテーマだ。いずれそれは本書のあとに世に出ると思う。誠に恐縮ながら、そちらをお読みいただければうれしい。

入場式での日本代表団。中央が金栗選手。その左に見えるのが嘉納治五郎

あとがき

ストックホルムのオリンピック・スタジアムが、今も同じ姿で、同じ場所にあるというのはうれしいことだ。電光掲示板などを除いては、ほとんどが昔のままだというのがいい。それも、記念物として保存しているのではなく、今も日常的に市民に活用されているというのは驚きだ。人の出入りを厳しく制限することもなく、みんなのスポーツや音楽の場として開放され使われているのが素晴らしい。

そこのトラックに降り立って、一九一二年の第五回オリンピックのことを思ってみると、クーベルタンのそのときの喜びというものが想像できた。日本選手団とはいっても、参加選手はたったの二名ながら、国旗日の丸を掲げて堂々と入場行進する姿を見て、彼はきっと心の中で快哉を叫んでいたのではなかったろうか。

本文でも示したとおり、クーベルタンはそれまでのオリンピックで、すっかり失望を感じていた。それは書き残されたものに明らかだ。

計画の当初にあった理想や期待は、見事に裏切られていたからだ。ヨーロッパを中心に渦巻いていた植民地主義と自国中心主義からの解放を願って、意識改革の手段としてのオリンピック提唱だったが、回を重ねるごとに、逆に各国のエゴイズムが余計にあらわになってくる経緯があった。

それからの脱却を願い、新たな視点を与えてくれる国として日本に期待し、招待した。その日本が、大会の趣旨に賛同し、選手たちを送ってくれたのだ。それまでの大会に蔓延しつつあった偏狭な精神を、日本はこれからどのようにして解きほどき、これに新たな視点を加えてくれるのか。クーベルタンの期待は高まっていたことだろう。

団長嘉納治五郎の人物についてはすでに知っていた。その識見の高さ、業績の豊富さには、クーベルタンも感服していたし、思想的には自分と重なる部分の多いことに彼も信頼をおいていたことだろう。

選手の内の一人がマラソン選手だったこともまた、クーベルタンの期待を深めていただろう。あの打ち沈んだ第一回大会を成功に転じてくれたのが、ほかでもないマラソンだった。マラソンの成功が、何よりもオリンピックの成功をもたらしてくれていた。

以来、どの大会でも、マラソンは人々の一番の関心事となって、最も多くの観衆を呼ぶものとなっている。オリンピック初参加の日本からのマラソン選手。一体、彼はどんなレースをするのか——。それはクーベルタンならずとも、皆の興味の対象になっていたはずだ。

そのマラソン選手、金栗四三は本番でどうしたか。

優勝候補の一人とも見られていた彼が、独特の足袋を履いて元気にスタートしたまではよかった。いや、途中までは冷静なレース運びをしていたのだ。

その彼が、どうしたことか、途中で「消えた」。

そのドラマは、単にそのオリンピックのレース展開の一件にはとどまらなかった。ストックホルムへ行かれてみるといい。一九一二年のオリンピックを記念するモニュメントのいずれにも、金栗選手の名が掲げられている。場合によっては、優勝した南アフリカの走者よりもっと偉大なヒーローの扱いを受けてさえいて、ストックホルム・オリンピックの栄光を伝える人物として讃えられているのだ。

レースから「消えた」彼が、どうして現地では今ではヒーローとなっているのか。オリンピックへの日本の初参加は、それだけでもすでに大きなドラマだったが、これはその影に隠れたさらに大きな謎だった。

金栗の健闘、失意からの再起とオリンピック招致への情熱。これらは実に壮大なテーマであって、簡単な略記で済ませられる話ではない。恐縮ながら、巻を改めて詳述し、ご理解を得たいと思う。金栗選手を救助してくれたペトレ家の方々との話もそこでしたい。

ふと気づいてみれば、現代の世界は、ちょうどクーベルタンが近代オリンピックを始めようとした時期の状況と、非常によく似ているのではないか。それぞれの国が自国主義に陥り、狭隘なミーイズムのもとに、エゴ剝き出しの時代となっている。

こんな時代に、またもや日本がオリンピックと正面から向き合う機会が来るというのは、何という因縁であろうか。新たな時代、新たな世界像を求めて、私たちがオリンピックとどう取り組むか。本書がその考察の一助になってくれれば、うれしい。

最後になりましたが、本書出版の趣旨をご理解くださり、ご賛同いただきました潮出版社社長の南晋三氏に深甚の感謝を捧げます。また、編集の労をとってくださった田中正文氏にもあつく御礼申し上げます。

著者

主な参考文献

A History of Robert Dover's Olimpick Games: Games Society. Francis. Burns, R. Dover's（1981）
An Olympic Victor: A Story of the Modern Games: Biblio. James Connolly（1908）
Born Out of Wenlock: Derby Books Publishing. Catherine. Beale（2011）
Coubertin's Olympics: Lerner Publications. Davida. Kristy（1995）
English Sports and Pastimes: B.T.Batsford Ltd. Christina. Hole（1949）
Football:The First Hundred Years: Routledge. Adrian. Harvey（2005）
From Vision To Victory: The New york Athletic Club. Fred. G. Jarvis（1996）
Leisure in the Industrial Revolution: Croom Helm. Hugh. Cunningham（1980）
Olympic Cavalcade: Hutchinson & Co. Harold. Bowden（1948）
Popular Recreations in English Society 1700-1850: Cambridge University Press. Robert. Malcolmson（1973）
Robert Dover and The Cotswold Games: Henry Sotheran Ltd. Christopher. Whitfield（1962）
Sport A Cultural History: Columbia Univ. Press. Richard. Mandell（1984）
Sport: in England: George G. Harrap & Co. Norman. Wymer（1949）
The British Olympics: English Heritage. Martin. Polley（2011）

The Cotswolds: Weidenfeld & Nicolson. June. Lewis（1996）
The Father of Baseball: McFarland & Company. Andrew. J. Schiff（2008）
The Games Must Go On: Columbia Univ. Press. Allen. Guttmann（1984）
The Guinness Book of Olympics Facts & Feats: Guinness Superlatives Limited. Stan. Greenberg（1984）
The Olympics and Philosophy: Univ. Press of Kentucky. Edited by Heather. L. Reid（2012）
The Olympics' Strangest Moments: Robson Books. Geoff. Tibballs（2008）
The Oxford Companion to Sports & Games: Oxford Univ. Press. John. Arlott（1975）
This Great Symbol: University of Chicago Press. John. J. MacAloon（1981）
Tom Brown's School Days: A. l. burt Company. Thomas. Hughes（approximately 1900）

『イギリスの生活と文化事典』出口保夫ほか 編、研究社、一九八二年
『英国社会の民衆娯楽』ロバート・マーカムソン、（川島昭夫ほか 訳）平凡社、一九九三年
『オリンピックと近代』ジョン・J・マルカーン、（柴田元幸ほか 訳）平凡社、一九八八年
『学問としてのオリンピック』橋場弦・村田奈々子 編、山川出版社、二〇一六年
『嘉納治五郎』嘉納治五郎、日本図書センター、二〇〇六年
『嘉納治五郎著作集』嘉納治五郎、五月書房、一九九二年
『嘉納治五郎』嘉納先生伝記編纂会、布井書房、一九七七年
『驚異の古代オリンピック』トニー・ペロテット、（矢羽野薫 訳）河出書房新社、二〇〇四年
『近代スポーツの誕生』松井良明、講談社、二〇〇〇年

『現代スポーツは嘉納治五郎から何を学ぶのか』菊幸一 編、ミネルヴァ書房、二〇一四年
『自転車の歴史』ドラゴスラフ・アンドリッチ、(村田統司 監修)ベースボール・マガジン社、一九九二年
『知る・スポーツ事始め』石井隆憲・田里千代 編、明和出版、二〇一〇年
『紳士道と武士道』トレバー・レゲット、サイマル出版会、一九七三年
『スポーツの社会学』亀山佳明 編、世界思想社、一九九〇年
『日本スポーツ百年』日本体育協会 編、日本体育協会、一九七〇年
『箱根駅伝に賭けた夢　金栗四三がおこした奇跡』佐山和夫、講談社、二〇一一年
『走れ二十五万キロ』豊福一喜・長谷川孝道、講談社、一九六一年
『白夜のオリンピック』水谷豊、平凡社、一九八六年
『マラソンと日本人』武田薫、朝日新聞出版、二〇一四年

佐山和夫（さやま・かずお）

ノンフィクション作家。1936 年 8 月 18 日、和歌山県生まれ。慶応義塾大学文学部英文学科卒業。1984 年、潮賞・ノンフィクション部門、和歌山県文化奨励賞受賞、1993 年、ミズノ・スポーツライター賞受賞、1995 年、Joseph Astman Award を日本人として初めて受賞、1998 年、アメリカ野球学会（SABR）Tweed Webb 賞受賞、著書に『史上最高の投手はだれか』、『野球とクジラ』、『ベースボールと日本野球』、『ペリーより 62 年も前に——ケンドリックはなぜ日本に来たのか』、『スポーツの品格』（桑田真澄氏との対談）等、多数。

オリンピックの真実
それはクーベルタンの発案ではなかった

2017年10月20日　初版発行

著　者／佐山和夫
発行者／南 晋三
発行所／株式会社 潮出版社
〒102-8110
東京都千代田区一番町 6　一番町 SQUARE
電　話／03-3230-0781（編集）
03-3230-0741（営業）
振替口座／00150-5-61090
印刷・製本／株式会社暁印刷

ISBN978-4-267-02108-4 C0022

www.usio.co.jp